Daniel Arasse

Histoires
de peintures

*Préfaces de Bernard Comment
et Catherine Bédard*

Gallimard

Cet ouvrage est précédemment paru aux Éditions Denoël,
accompagné d'un disque.

Daniel Arasse (1944-2003) était directeur d'études à l'EHESS (Centre d'histoire et de théorie des arts). Il est l'auteur d'ouvrages qui font date.

La série *Histoires de peintures* de Daniel Arasse a été diffusée du 28 juillet au 29 août 2003 sur France Culture, dans une réalisation de Jean-Claude Loiseau. Le présent texte est une transcription — établie par Laure-Hélène Planchet, assistée par Victoria Cohen et très légèrement allégée — de propos auxquels on a voulu garder leur caractère d'oralité, de façon à ne pas les constituer artificiellement en livre.

Une voix pour voir

« Chaque fois qu'un homme de culture disparaît, quelque chose s'éteint à jamais : le trésor qu'il avait amassé dans sa mémoire, il faudra de nouveau le refaire. Le savoir transcendé par la culture affective est intransmissible », écrivait Roland Barthes sur Gaëtan Picon à l'occasion de sa mort. Avec Daniel Arasse, c'est un regard qui s'en va, et un enchantement de l'intelligence, fondé à la fois sur une très grande honnêteté intellectuelle (aucun élément d'interprétation, chez lui, qui ne fût auparavant nourri de toutes les investigations érudites possibles), et sur une splendide générosité, car il y avait en cet homme si riche de connaissances et d'intuitions un souci permanent de transmettre et de convaincre, dans une séduction forte et jamais gratuite. Tous ceux qui l'ont connu, ou plus simplement lu et écouté, gardent ce souvenir du don et de l'enthousiasme. Il savait comme nul autre observer un tableau, une fresque, ou tout objet, et en saisir le mystère singulier. Il gardait en lui et à tout instant une magnifique capacité d'étonnement, pour la convertir en des analyses et des commentaires qui d'aucune façon n'étouffaient l'œuvre abordée. Car les savoirs théoriques n'étaient pas une fin en soi, il n'y avait pas de place pour le dogmatisme, simplement une curiosité tous azimuts pour les disciplines les plus diverses (philosophie, sémiologie, psychanalyse) en tant qu'elles servaient l'historien dans sa volonté obstinée de comprendre, notamment en débusquant les anomalies, les paradoxes, les énigmes, bref, tout ce qui renvoyait à un effet de signature de l'artiste.

Un regard s'en va. Mais aussi et tout autant une voix. Daniel Arasse aura été un merveilleux professeur, un directeur de thèse qui conduisait ses étudiants au meilleur d'eux-mêmes, un conférencier qui savait capter son auditoire par sa propre conviction et l'élan qu'il mettait à la faire partager. Et puis il y a eu l'expérience de la radio. Il y fut souvent invité et, à chaque fois, c'était une bouffée d'air frais où l'on sentait une véritable gourmandise de l'intelligence et de la divulgation. À l'automne 2001, Laure Adler lui confia pour France Culture une émission mensuelle sur les arts plastiques et l'histoire de l'art, « Art et essais », et je peux témoigner de la rare méticulosité qu'il mettait à préparer ses entretiens ou tables rondes pour en faire un rendez-vous particulièrement enrichissant, ne laissant pas de place à la banalité. C'était très exactement cela, Daniel Arasse : faire de tout ce qu'il entreprenait un cadeau à ceux qui l'écoutaient.

Le plus beau cadeau qu'il fit aux auditeurs fut sans doute la longue série de vingt-cinq émissions d'une traversée de l'histoire de l'art depuis l'invention de la perspective jusqu'à la disparition de la figure, diffusée sur France Culture l'été 2003 sous le titre « Histoires de peintures ». Daniel Arasse était éblouissant, dans sa vie, dans son œuvre ; il était aussi modeste, il doutait, comme tous les vrais grands intellectuels. J'avais donc dû le convaincre au préalable de l'intérêt qu'une telle traversée représenterait pour les auditeurs. Il accepta finalement la proposition, avec le petit sourire enjoué de quelqu'un qui aimait le jeu et les défis, mais qui se méfiait des vanités. Il y eut plusieurs séances d'enregistrement, dont certaines au prix d'un réel effort physique contre la sale maladie qui gagnait du terrain.

Nous étions convenus ensemble d'un plan pour répartir ce parcours en vingt-cinq épisodes. La règle était simple : je lui poserais des questions, qui seraient ensuite enlevées. Il n'y eut pour ainsi dire pas de questions, sinon celles initiales, comme un rituel qui nous amusait, des sortes de déclencheurs pour une parole qui se déroulait ensuite avec une stupéfiante maîtrise dans l'improvisation à partir de quelques notes griffonnées sur une page : la pipe était à portée de main, il allumait parfois une cigarette et, au bout de dix-huit minutes, sans qu'on ait à l'en prévenir, il savait donner une chute naturelle, élégante et ouverte, à son propos du jour.

Je veux dire ici l'électrisation qui nous saisissait, aussi bien Jean-Claude Loiseau, le réalisateur, et moi-même, que les techniciens (c'est toujours le meilleur signe), à l'écouter se promener dans des images et des problématiques, à faire vivre des concepts dans une narration qui tenait presque du suspense, à faire voir par la voix toute une galerie de tableaux et de fresques dont on se disait immédiatement qu'on se précipiterait ensuite pour les contempler autrement, armés désormais de la lucidité, des connaissances et des intuitions qu'il venait de déployer d'un souffle rapide et souvent exaltant. *La Joconde*, l'Annonciation, le maniérisme, Vermeer, *Les Ménines*, Manet, Titien, les heurs et malheurs de l'anachronisme, les conditions d'exposition, et toutes sortes de précieux détails : on l'entendait se passionner ; on sentait aussi ses sourires et d'innombrables arrière-plans qui mettaient en appétit. Oui, vraiment, un formidable cadeau matinal que de très nombreux auditeurs surent apprécier à sa juste valeur. On en sortait grandis, et comme lavés de la bêtise des jours.

BERNARD COMMENT

Daniel Arasse
Autoportrait en historien, 25 × 20

Ces histoires ne sont pas que de peintures. Elles racontent aussi des histoires de voyages, de visites, de libres allées et venues dans certains lieux plus ou moins fermés, d'accès privilégiés à telle ou telle œuvre plus ou moins visible, l'excitation que procure la proximité à l'œuvre et le plaisir de pouvoir la *prendre* de près en la photographiant, en détail, pour la regarder ensuite chez soi, en reproduction certes mais en toute intimité. La voix qu'on entend ici est celle d'un homme contraint depuis peu à renoncer à chacun de ces plaisirs, à chacun de ses mouvements. Pas une fois ne percevra-t-on la douleur inévitablement attachée à l'évocation des manières d'approcher l'œuvre, de s'approcher d'elle avec un regard indiscret qui implique le corps et ne nie pas ses désirs. Mais cette douleur fait intimement partie de la trame de ces enregistrements. C'est un fait. Et on doit le dire, pour mémoire.

On comprendra dès lors la signification particulière de ces vingt-cinq moments de parole. S'il
s'agit dans ces moments de parler précisément
d'un certain regard sur les choses visibles, de donner à voir des œuvres en l'absence de celles-ci, la
personne qui parle ici, en s'autorisant ce « je » qui
le mettait tout de même un peu mal à l'aise, savou-
rait la liberté que lui donnait le fait de parler à des
auditeurs qui n'étaient pas spectateurs. Une fois
admis l'idée de cette série et le défi qu'elle posait,
un parcours d'historien en vingt-cinq épisodes
d'histoires de peintures, le désir de raconter se mêla
intimement à celui du rendez-vous à venir. Rencontrer l'ami pour lui raconter des histoires... En
préparant ces moments de radio, se préparer en
fait à le voir, lui. S'adresser à lui et, à travers lui,
trouver le ressort pour encore parler aux autres. Il
y avait là une forme d'adresse intime, sans aucun
doute nécessaire à l'autorisation que Daniel Arasse
s'était consentie, soit celle de parler de lui, à la
première personne, chose qui ne l'avait jamais intéressé jusqu'alors en tant qu'historien, car l'historien, dira-t-il à un moment de ces émissions,
arrive en second, après l'artiste qui invente. C'est
le « je » du peintre qui l'intéressait, la présence
intime de celui-ci dans son œuvre, la signature
secrète du sujet dans le tableau.

Pourtant, en filigrane de ces histoires de peintures, qui constituent une manière d'autoportrait en vingt-cinq tableaux, il y a autre chose en travail, secrètement. À cause précisément de l'enchaînement des renoncements qu'impose la perte attendue de tout mouvement possible, Daniel Arasse avait décidé depuis quelque temps de travailler autrement. Cela voulait dire ne plus se confronter à l'œuvre mais à sa mémoire des œuvres ; cela voulait dire faire retour sur une certaine pratique de l'histoire de l'art ou, dans un autre registre, *inventer*. La mort a interrompu deux ouvrages : *L'Art dans ses œuvres. Théorie de l'art et histoire des œuvres* (aux éditions du Regard) et *Le Reflet perdu* (aux éditions Denoël), une fiction, plus précisément un roman policier inspiré de ce regard acéré d'historien qui lui avait fait voir une mystérieuse tache dans *L'Immaculée Conception* du peintre Garofalo...

L'histoire d'« Histoires de peintures » est intimement marquée par ces deux projets qui n'eurent pas le temps de voir le jour. Il m'importe alors de dire combien la jouissante maîtrise du temps de parole qui transforma cette suite de vingtaines de minutes en autant de performances physiques fut, pour Daniel, une suite répétée d'affronts tant à la perte du souffle qu'à l'idée même d'échéance.

CATHERINE BÉDARD

1

Le tableau préféré

Je n'ai pas vraiment un tableau préféré. Plusieurs me viennent à l'esprit, en général classiques. *La Madone Sixtine* de Raphaël, par exemple, mais ill. 1 je pourrais dire aussi *La Joconde*, curieusement, ou aller du côté du XVIIIᵉ siècle : je trouve que *Le Verrou* de Fragonard est un tableau tout à fait ill. 2 extraordinaire et fascinant. En descendant encore dans le temps, il y a *L'Origine du monde*, de Cour- ill. 3 bet : quel beau tableau ! Et puis, parmi les rares tableaux qui m'aient vraiment touché, il y a une esquisse de *La Danse*, de Matisse. Donc, je n'ai pas vraiment un tableau préféré. D'abord, ce ne serait pas forcément un tableau, ce pourrait être une fresque, un polyptyque, un retable entier dans une église… Disons qu'il y a des peintures qui touchent, qui me touchent ou m'ont touché plus que d'autres, et je sais qu'il y en a qui ne m'ont pas encore touché, mais qui un jour ou l'autre vont me toucher. La question pour moi

serait plutôt de chercher ce qui me touche dans
un tableau, une fresque ou même dans un lieu de
peinture, car l'idée de tableau suppose déjà que
cette peinture est constituée comme une unité,
qu'elle est accrochée sur un mur, qu'elle a son
cadre ou qu'elle n'en a pas... Et il n'y a rien de
plus émouvant pour moi que de me trouver dans
un lieu entièrement couvert de peintures, et là

ill. 29
et 30 je pense par exemple à la Chambre des époux,
peinte entre 1469 et 1474 par Mantegna, à la
cour du prince de Mantoue. Quand on entre dans
cette pièce et qu'on a la chance, comme je l'ai
eue, d'y passer des heures, on a au bout d'un
moment la sensation d'être enveloppé par la peinture et pénétré par elle, et l'on éprouve des sen-
sations extraordinaires. Un autre exemple qui
continue de me bouleverser, c'est la chapelle de
Piero della Francesca à Arezzo, où j'ai passé des
journées à regarder et à prendre des notes, revenant le lendemain pour tenter de voir ce que je
n'avais pas vu la veille, et c'est vrai que, comme
le disent les Goncourt à propos d'un tableau de
Chardin, à un certain moment « la peinture se
lève », et suscite alors une véritable émotion. De
quel type est cette émotion, c'est difficile à dire.
Stendhal, je crois, disait à propos de Raphaël
(mais cela vaut aussi parfois pour la peinture en
général) que, pour son malheur, elle passe par la

tête. De même, le grand baroque Bernin, lorsque Chanteloup lui montra les toiles de Poussin, qu'il examina une à une pendant des heures, eut ce commentaire final : « Il signor Poussin lavora di là ! » en se touchant le front. C'est à la fois la grandeur de Poussin, et aussi d'une certaine manière son malheur, parce que la peinture est un art fascinant dont on ne peut cependant pas expliquer pourquoi il touche. Telle est la question dont je cherche encore la réponse : qu'est-ce qui fait qu'un tableau, une fresque, un lieu de peinture me touche ? Pourquoi est-ce que devant l'esquisse de *La Danse* de Matisse les larmes me sont venues, ce qui est absurde parce qu'on n'a pas à pleurer devant une peinture ? On pleure à l'opéra, c'est connu, c'est classique, mais devant un tableau, en général, l'émotion ne passe pas par là, elle est d'un autre type.

En revanche, qu'est-ce qui fascine dans un tableau, qui fait que telle œuvre plutôt que telle autre nous arrête et qu'on ne peut s'en détacher, ou que l'œuvre vous « appelle », comme disait Roger de Piles ? En ce qui me concerne, car il n'y a bien sûr pas de règle générale, je dirais que c'est le sentiment que dans cette œuvre-là il y a quelque chose qui pense, et qui pense sans mots. Je suis quelqu'un qui parle et qui écrit, ma pensée se fait

avec des mots, elle se cherche, s'exprime, et une
peinture pense de façon non verbale ; et certaines
peintures m'attirent, me fixent, m'arrêtent, me
parlent comme si elles avaient quelque chose à
me dire, or en fait elles ne me disent rien, et c'est
cette fascination-là, cette attente, qui m'arrête et
ill. 2   me fixe. *Le Verrou* de Fragonard, par exemple :
quand je l'ai vu pour la première fois à l'occasion
de l'exposition Fragonard, alors que je le connaissais déjà par ses reproductions, j'ai eu un choc, et
j'ai compris après coup que ce qui m'appelait
dans ce tableau de petite dimension tenait au fait
que, comme l'a dit un grand spécialiste qui s'est
d'ailleurs trompé ou bien a plus raison qu'il ne le
pensait, la moitié gauche du tableau est occupée
par rien. Cela m'a arrêté. Ce peintre me raconte
en fait une anecdote, un jeune homme qui enlace
une jeune fille pour la mettre ensuite sur le lit, et
cet « ensuite » est déjà là, dans cette deuxième
partie du tableau faite uniquement de plis, de
draps, de froissures. Et cela m'a fasciné. J'avais là,
devant moi, ce que Delacroix, je crois, a appelé
« la silencieuse puissance de la peinture ». C'est
cela qui me fascine et qui fait que certains tableaux
me touchent plus que d'autres. Dans le cas de
Fragonard, c'était cette silencieuse puissance du
pictural, qui a bien sûr un sens, car après cela

l'historien ou l'interprète que je suis a besoin de se demander ce que signifie ce rien, ces draps plissés. Si vous allez voir *Le Verrou*, vous verrez qu'il signifie des choses extrêmement précises, qui sont en fait l'explication de ce qui se passe à droite du tableau : à la fois le passé et le futur.

Dans d'autres cas, comme celui du lieu de la Chambre des époux de Mantegna, au Palais ducal de Mantoue à la fin du XVᵉ siècle, ce qui me touche c'est d'abord la puissance d'harmonie de cette peinture, mais ensuite ce qui m'avait fasciné c'est que, dans cette pièce assez petite pour l'époque, tout l'art du peintre a consisté à peindre entièrement le plafond qui est voûté et à développer des trésors de peinture sur deux des murs, et sur les deux autres murs à peindre des tentures abaissées (on le voit parce qu'on devine derrière un bout de ciel), qui en plus étaient recouvertes de tentures réelles. Comme je n'étais pas satisfait par ce que j'avais pu en lire comme explications, j'ai passé des heures dans cette pièce à regarder encore et encore et à essayer de comprendre ce que cette peinture nous disait ou avait dit, silencieusement. La peinture m'a d'ailleurs souvent récompensé de ces heures de contemplation.

J'ai constaté que la venue de l'émotion pouvait se produire de deux façons différentes. Première-

ill. 29 et 30

ment, le choc, la surprise, l'émotion pure qui ne se verbalise pas. Par exemple, ce qui m'a bouleversé, dans l'esquisse pour *La Danse* de Matisse, c'était le bleu, ce bleu-là. Cette tonalité de bleu inventée par Matisse m'a bouleversé au point que ça m'a fait monter les larmes aux yeux et que j'ai quitté la salle immédiatement et ne suis pas revenu, car on ne pleure pas en public devant un tableau, on le peut chez soi mais pas en public. C'est après, en réfléchissant sur cette qualité de bleu, que je me suis dit que dedans il y a du rouge caché, et c'est ce rouge qui, depuis le bleu, m'appelle. C'est mon sentiment, peut-être Matisse n'a-t-il pas mis de rouge dans son bleu, en tout cas moi j'en ai vu. C'est donc le premier type d'émotion que peut procurer la peinture, une surprise qui, en ce qui me concerne, est un choc visuel coloriste. C'est le coloris qui me touche et qui m'appelle.

Le deuxième type d'émotion c'est quand, avec le temps, avec la durée, avec le fait de revenir, peu à peu les couches de sens, cette accumulation de sens, de réflexions, de méditations du peintre, apparaissent. La peinture soulève un pan, puis un autre pan, et peu à peu une intimité se fait, comme celle du rouge dans le bleu de Matisse, et cette autre intimité du peintre dans son œuvre,

et aussi de son époque dans son œuvre. À travers
la Chambre des époux de Mantegna, on ne perçoit pas seulement ce peintre génial, on devine
aussi le commanditaire, le prince Ludovic Gonzague, sa femme, et l'histoire devient passionnante parce que, comme disait Warburg, au bout
du compte on entend ces voix, on finit par les
entendre, les voix de ces bourgeois florentins qui
se peignent dans leur chapelle, parce que là l'histoire donne une familiarité artificielle. Il ne s'agit
pas de prétendre qu'on a l'état d'esprit d'un bourgeois du XVe siècle, mais on finit par rejoindre un
horizon jamais entièrement atteignable, et par se
rapprocher d'une intimité de l'œuvre telle qu'elle
a été demandée, réalisée et regardée ou vécue. C'est
fascinant et très émouvant. Lorsque à Arezzo j'étais
depuis des heures dans l'église San Francesco
devant les fresques de Piero della Francesca, tout
à coup j'ai vu quelque chose que d'autres avaient
peut-être vu avant moi mais jamais noté, à savoir
la signature théorique et individuelle de Piero
della Francesca de tout cet immense ensemble de
fresques par un minuscule détail, qui était en bas
à gauche de la dernière fresque et qui présentait
une tête coupée regardant le spectateur d'un
regard aveugle, puisque la tête est coupée donc
morte, et là j'ai eu vraiment le sentiment d'être

au plus près de ce qu'avait pensé, imaginé Piero della Francesca. Il y a peut-être une forme de folie dans cette idée qu'on puisse atteindre à nouveau ce qu'a rêvé ou imaginé Piero della Francesca devant sa fresque... En l'occurrence, j'ai pu voir ce détail, qui était là depuis cinq cents ans, parce que tout le reste de ce que j'avais regardé et commencé à comprendre me faisait tout à coup remarquer ce détail, qui était là comme ça, pas forcément pour qu'on le voie. En plus, c'est vraiment un détail minuscule, il n'y a donc pas de raisons pour qu'on y porte une attention particulière, le principal étant au milieu et non sur les côtés.

Il y a donc cette double émotion : l'émotion choc devant, pour moi en général, le coloris et, complémentairement, l'émotion de la densité de pensée qui est confiée à la peinture. Et c'est d'ailleurs ce qui me gêne dans la peinture : à travers ses matières, ses formes, il y a quelque chose qui pense et je n'ai que des mots pour en rendre compte, en sachant pertinemment que ces mots ne recouvrent pas l'émotion dégagée. Donc, c'est le tonneau des Danaïdes. Je pourrai toujours remplir par des mots et des mots, je n'atteindrai jamais la qualité spécifique de l'émotion d'un tableau de peinture. Même quand un tableau, ou une fresque, a été compris, y revenir c'est affronter de nouveau le silence de la peinture.

Pour revenir au tableau préféré, il y en aurait deux : *La Madone Sixtine* de Raphaël qui maintenant est à Dresde, et *La Joconde*, de Léonard de Vinci. Je ne parlerai aujourd'hui que de *La Madone Sixtine*.

C'est un tableau d'autel peint par Raphaël en 1516, je crois, qui représente la Vierge tenant l'Enfant sur des nuages, avec à sa gauche sainte Barbe et à sa droite saint Sixte. En haut du tableau, vous avez deux rideaux verts entrouverts, et en bas deux petits angelots qui regardent d'un air un peu mélancolique ce qui se passe au-dessus d'eux. Ce tableau a été l'un des plus admirés de l'histoire de la peinture à partir du moment où il est allé à Dresde. Avant il était dans une église à Plaisance, on savait qu'il était beau mais on n'en parlait pas trop. On allait le voir, mais ce n'était pas un grand tableau. Dès lors qu'il est à Dresde, il devient l'un des tableaux mythes de l'histoire de la peinture, et moi-même je le percevais comme un tableau mythe lorsque j'ai étudié Raphaël. Et puis je suis allé à Dresde, j'ai vu *La Madone Sixtine* et j'ai été extrêmement déçu car on était en train de restaurer le musée : il y avait une plaque de verre devant le tableau, et ce que je voyais

depuis ma place assise c'était les néons qui se
reflétaient sur la plaque de verre, je devais bouger pour deviner la peinture. J'étais extrêmement
déçu, mais comme j'étais venu jusqu'à Dresde
pour voir cette Madone, je ne voulais pas repartir
déçu. Donc, je suis resté à peu près une heure, à
me déplacer, et à un moment le tableau s'est
« levé ». Et là, tout d'un coup, j'ai vu *La Madone
Sixtine*, et je dois dire que j'ai vu l'un des tableaux
intellectuellement les plus profonds de l'histoire
de la peinture européenne et, si on aime et connaît
Raphaël, l'un de ses tableaux les plus émouvants.
Pourquoi l'un des plus profonds ? Eh bien, je
crois — et c'est ce que Walter Benjamin n'a pas
voulu voir ou qu'il a vu mais dont il n'a pas
voulu parler — que *La Madone Sixtine* présente
très exactement le moment de la révélation du
dieu vivant, c'est-à-dire que c'est un tableau qui
montre le dieu brisant le voile, le dieu s'expo-
sant. Et ce qui pour moi le rend extrêmement
bouleversant c'est en particulier la présence des
deux petits anges situés en bas du tableau. Au
fond, que font-ils là ? On n'en sait rien. On a
imaginé les histoires les plus extravagantes sur
ces deux petits anges : par exemple, qu'ils étaient
les portraits des enfants que Raphaël aurait eus
avec la Fornarina. En fait, je suis persuadé, pour

des raisons iconographiques sérieuses, historiques et théologiques, qu'ils sont la figuration chrétienne des chérubins gardant le voile du temple dans la religion juive. Ce à quoi ils assistent eux-mêmes, c'est au fait qu'ils ne sont plus les gardiens du secret et du dieu invisible : le dieu s'est rendu visible. Cette espèce d'extraordinaire tragédie — car le dieu se rendant visible signifie qu'il va mourir — est confiée à des visages d'enfants. Je trouve cela d'une puissance extraordinaire. Et depuis, je n'ai plus besoin de voir *La Madone Sixtine* ; elle s'est « levée », et je garde en moi cette émotion.

2

La Joconde

Finalement, *La Joconde* est un de mes tableaux préférés. Il m'a fallu pour l'aimer beaucoup plus de temps que les cinq ans pris par Léonard de Vinci pour la peindre. Moi il m'a fallu plus de vingt ans pour aimer *La Joconde*. Je parle de l'aimer vraiment, pas seulement de l'admirer. C'est pour moi aujourd'hui l'un des plus beaux tableaux du monde, même si ce n'est pas nécessairement l'un des plus émouvants, quoique, franchement, c'est l'un des tableaux qui ont eu le plus de commentaires enthousiastes, jusqu'à la folie, de la part des gens qui l'aimaient, et cela montre qu'il touche. Moi, j'étais dans l'état d'esprit d'un spectateur de la deuxième moitié du xxe siècle, c'est-à-dire qu'on avait tellement vu *La Joconde*, on la connaissait tellement, qu'elle était devenue plus une plaisanterie qu'autre chose, d'autant que, Duchamp l'ayant reproduite avec cette inscription en bas du tableau : « L.H.O.O.Q. », on ne pouvait plus la prendre au sérieux. Il m'a fallu remonter ce handicap duchampien, non pas pour retrouver le regard de Léonard de Vinci ou de l'un de ses contemporains sur ce tableau, mais simplement pour comprendre comment celui-ci, peint dans des circonstances tout à fait particulières, pouvait avoir encore un tel effet, à bientôt cinq cents ans de distance. Cela ne tient pas seulement au délire de Walter Pater ou de Théophile Gautier. Même Kenneth Clark, le grand spécialiste de Léonard de Vinci, un homme très sérieux et l'un des meilleurs historiens de l'art du milieu du xxe siècle, dans un article, non pas de jeunesse mais de pleine maturité, écrit que *La Joconde* a l'air d'une déesse sous-marine : cette femme est assise dans une loggia, en hauteur devant un paysage très lointain, et il la voit comme une déesse sous-marine. Que se passe-t-il dans ce tableau pour que des gens sérieux, des responsables de musée et de grand savoir, puissent en dire des choses pareilles ? Ce tableau avait sûrement quelque chose. Personnellement, cela m'intéressait à moitié, mais à partir du moment où je devais écrire un livre sur Léonard de Vinci, je ne pouvais pas évacuer *La Joconde*. Je devais essayer de comprendre les enjeux de cette œuvre pour ce peintre. Et là, mon travail a été très fructueux. Je me suis demandé comment ce tableau était fait. Je vais en

faire la description et vous verrez qu'apparaissent
beaucoup de choses qu'on ne voit pas.

D'abord, la Joconde est assise dans une loggia, c'est-à-dire qu'il y a des colonnes de part et
d'autre, sur les bords droit et gauche, jointes par
le muret, derrière elle. Elle tourne le dos au paysage, qui est très lointain. Ensuite, elle est assise
dans un fauteuil, je le sais uniquement parce que
le bras gauche de la figure est appuyé, parallèlement au plan de l'image, sur un accoudoir. Mais
cet accoudoir est l'unique trace du fauteuil, il n'y
a pas de dossier, ce qui est étrange. Et puis le
paysage à l'arrière-plan est curieux puisqu'il est
composé uniquement de rochers, de terre et d'eau.
Il n'y a pas une seule construction humaine, pas
un arbre, il y a seulement dans ce paysage quasiment pré-humain un pont, et c'est cela qui m'a
posé beaucoup de problèmes d'interprétation. Ce
pont enjambe ce qui doit être une rivière, mais
qu'on ne distingue pas. Or, comment se fait-il
que dans ce paysage des origines il y ait déjà un
pont alors que toute présence humaine a disparu ?

J'ai donc commencé à me rendre compte que
ce tableau recélait une méditation de Léonard
particulièrement dense. Je ne devais pas m'en
étonner puisque Vinci a dit que la peinture est
cosa mentale, c'est une chose mentale, et que par

ailleurs, lorsqu'il a reçu cette commande en 1503
— il avait besoin d'argent et n'avait pas encore
en ce temps-là de grandes commandes de la ville
de Florence —, ça précédait de quelques mois la
grande commande des fresques du palais de la
Seigneurie qui fait qu'il ne livrera jamais le tableau
à son commanditaire, messere Giocondo, et le
gardera pour lui toute sa vie. Il a achevé ce portrait pour lui-même. On a la preuve que l'idée de
l'arrière-plan pré-humain est venue très lentement. Il fallait comprendre le rapport qui liait
cette figure assise si singulièrement dans ce fauteuil sans dossier et ce paysage : y a-t-il simplement opposition entre d'une part la beauté et le
charme de la Joconde et d'autre part l'arrière-
plan du paysage, ou bien y a-t-il aussi une relation entre les deux ?

J'ai essayé de mieux voir comment était peinte
cette figure. Si vous la regardez bien, elle a le
bras parallèle au plan de l'image, appuyé sur l'accoudoir. Elle est proche de nous, puisqu'on ne
voit pas d'espace entre ce bras et une zone plus
basse qui inscrirait une distance. En fait, elle est
passée devant le parapet qui traditionnellement à
l'époque séparait la figure peinte du spectateur,
comme dans ces portraits d'origine flamande où
le personnage est visible, mais où la base du

tableau est faite d'un petit parapet, situé devant lui et devant lequel il place éventuellement sa main. Petit trait de génie de Léonard : mettre la Joconde dans l'espace du spectateur en faisant passer le parapet derrière elle, tandis qu'en même temps son bras fait barrière, bloquant la pénétration. Ensuite, le buste est de trois quarts, elle se tourne donc légèrement vers nous, le visage presque de face, et les yeux, perpendiculaires au plan, nous regardent directement où que nous nous trouvions par rapport à elle. Donc, depuis le bas du tableau jusqu'aux yeux, il y a une torsion de la figure qui fait qu'elle vous fixe. On est sous son regard, ce qui constitue un élément de fascination de ce tableau, tout comme on est un peu sous celui de la *Vénus d'Urbin* de Titien, le pre- ill. 5 mier grand nu de la peinture occidentale, et ce n'est certainement pas un hasard si l'on est sous le regard de l'archétype du nu occidental.

Et puis, il y a le sourire… En fait, c'est Léonard qui a inventé l'idée de faire un portrait avec un sourire. Il n'y a pas de portrait souriant avant *La Joconde*, à l'exception du tableau d'Antonello de Messine, *L'Homme qui rit*, conservé à Cefalù en ill. 6 Sicile. Antonello est un très grand peintre, mais son sourire, en fait un rictus, n'est pas réussi et produit l'effet d'une grimace. Et Léonard, qui

connaissait ses œuvres, s'est dit que puisqu'on voulait un sourire, il en peindrait un. Pourquoi ce choix du sourire ? C'est là que l'Histoire aide à comprendre. Léonard a peint un certain nombre de portraits, à Milan celui d'Isabelle d'Este, le dessin qui est au Louvre, et deux portraits floren-
ill. 7 tins : le premier est le *Portrait de Ginevra de' Benci*, aujourd'hui à Washington, et l'autre celui de Monna Lisa. Ce sont les deux seuls portraits florentins peints par Léonard. Il se trouve que ce sont aussi les deux seuls portraits où le personnage nous regarde. Dans tous les autres, le regard du personnage fuit, il est oblique par rapport au plan et on ne peut jamais le croiser. Celui de Ginevra de' Benci, qu'il peint vers 1480, est un portrait extraordinaire, mais triste. Elle a une moue qui descend, elle est triste. Si on étudie les conditions dans lesquelles le tableau a été réalisé on comprend que c'est parce que son amant n'est pas là. Le tableau était d'ailleurs destiné à cet amant pour qu'il puisse voir que sa maîtresse était triste quand il n'était pas là.

En revanche, la Joconde, elle, sourit parce que son mari, Francesco del Giocondo, a commandé son portrait au plus grand peintre du temps, Léonard de Vinci. Et pourquoi le mari a-t-il commandé son portrait ? Parce qu'elle lui a fait deux

beaux enfants, deux héritiers mâles, et qu'ils ont
dû suite à cela changer de maison dans Florence.
On sait tout cela : le mystère de *La Joconde* n'est
pas dans ce qu'on invente autour mais dans le
tableau lui-même. Le mari a acheté un autre palais,
il a agrandi sa maison et il offre à sa femme son
portrait par maître Léonard. Elle ne l'aura jamais
puisque Léonard le gardera pour lui. C'est en tout
cas un tableau de bonheur, où une jeune femme
de vingt-deux ou vingt-trois ans, qui a déjà donné
deux enfants mâles à son mari, viables à la naissance, est honorée par l'amour de celui-ci à travers ce portrait. C'est une anecdote historique qui
présente cependant un intérêt, car tout ce qu'on a
élaboré autour du sourire de la Joconde s'effondre
devant l'analyse historique.

Mais ce n'est pas ce qui fait que ce sourire est
fascinant. Je crois que la raison est plus profonde,
et il m'a fallu du temps pour percevoir ce qu'il en
est ou, plus modestement, pour percevoir ce que
j'en percevais. En fait, ce qui me fascine, c'est ce
qui lie profondément la figure au paysage de l'arrière-plan. Si vous regardez bien ce dernier, vous
vous rendrez compte qu'il est incohérent, c'est-à-
dire que dans la partie droite, du point de vue du
spectateur, vous avez des montagnes très hautes,
et tout en haut un lac, plat, comme un miroir,

qui donne une ligne d'horizon très élevée. Dans la partie gauche, au contraire, le paysage est beaucoup plus bas, et il n'y a pas moyen de concevoir le passage entre les deux parties. En réalité, il y a un hiatus, caché, transformé par la figure elle-même et par le sourire de la Joconde. C'est du côté du paysage le plus haut que sourit la Joconde. La bouche se relève très légèrement de ce côté-là, et la transition impossible entre les deux parties du paysage se fait dans la figure, par le sourire de la figure.

Vous me direz, et alors ? Eh bien, je crois qu'à ce moment-là il faut avoir lu les textes de Léonard, se rappeler qu'il était un grand admirateur d'Ovide et de ses *Métamorphoses*, et que pour Léonard comme pour Ovide — c'est un thème classique et courant —, la beauté est éphémère. Il y a de fameuses phrases d'Hélène chez Ovide à ce sujet : « Aujourd'hui je suis belle mais que serai-je dans quelque temps ? » C'est ce thème-là que traite Léonard, avec une densité cosmologique assez extraordinaire, car *La Joconde* c'est la grâce, la grâce d'un sourire. Or, le sourire c'est éphémère, ça ne dure qu'un instant. Et c'est ce sourire de la grâce qui fait l'union du chaos du paysage qui est derrière, c'est-à-dire que du chaos on passe à la grâce, et de la grâce on repassera au chaos. Il

s'agit donc d'une méditation sur une double temporalité, et nous sommes là au cœur du problème
du portrait, puisque le portrait est inévitablement
une méditation sur le temps qui passe. Montaigne
le dit dans ses *Essais* : « J'ai plusieurs portraits
de moi, combien suis-je différent aujourd'hui d'à
cette heure. » On passe donc, avec ce sourire
éphémère de *La Joconde*, du temps immémorial
du chaos au temps fugitif et présent de la grâce,
mais on reviendra à ce temps sans fin du chaos et
de l'absence de forme.

Restait ce pont, dont je ne comprenais pas la
présence jusqu'au moment où j'ai lu Carlo Pedretti,
le grand spécialiste de Léonard de Vinci, capable
d'écrire comme lui de la main gauche et à l'envers.
C'est un homme admirable qui a passé toute sa vie
avec Léonard de Vinci. À propos de cette interro-
gation sur la présence du pont, il dit une chose
très simple à laquelle je n'avais pas pensé, à savoir
que c'est le symbole du temps qui passe ; s'il y a
pont, il y a une rivière, qui est le symbole banal
par excellence du temps qui passe. C'est un indice
donné au spectateur que l'étrangeté du rapport
entre ce paysage chaotique et cette grâce souriante
est le temps qui passe. Le thème du tableau c'est le
temps. C'est aussi pour cette raison que la figure
tourne sur elle-même, car un mouvement se fait

dans le temps... Et l'analyse peut repartir à ce moment-là. Le tableau est fascinant parce que sa densité et sa sobriété font qu'il n'arrête pas de renvoyer la réflexion et le regard au regard...

Cela dit, et je n'en dis pas plus sur *La Joconde*, je ne pense pas que messere Giocondo aurait aimé le tableau s'il l'avait vu. Je pense même qu'il l'aurait refusé parce qu'il ne lui aurait pas plu. Et le fait de faire de l'histoire permet là aussi d'avoir un regard un peu plus neuf sur les choses. Je pense que Francesco del Giocondo n'aurait pas accepté le tableau fini pour une bonne et simple raison : c'est qu'à l'époque, c'est un tableau scandaleux. Aujourd'hui c'est le chef-d'œuvre des chefs-d'œuvre, mais en 1503-1505, c'est un tableau inadmissible. Pourquoi ? Voilà un bon bourgeois florentin, et pas n'importe qui, qui commande au plus grand peintre du moment le portrait de sa femme parce qu'elle lui a donné des enfants, et ce peintre lui présente, comme portrait, une jeune femme qui sourit, ce qui est incorrect, toute proche de nous, épilée des sourcils et des cheveux — alors qu'on sait très bien qu'à cette époque seules les femmes de mauvaise vie s'épilent — et ensuite il la plante devant un paysage pré-humain affreux, terrible. Or, comment voulez-vous qu'un mari souhaite voir sa femme charmante, aimante, qui lui a donné

deux enfants, devant un tel paysage et non pas
devant des prairies, des arbres et des petits oiseaux,
ce qu'on trouve dans les fonds de portraits de
Raphaël contemporains de Léonard. Il n'aurait
pas pu comprendre, et je pense que c'est pour
Francesco del Giocondo ou pour ce genre de spectateur que Léonard de Vinci a peint le pont, pour
leur expliquer qu'il ne faisait pas n'importe quoi
et qu'il y avait effectivement une méditation profonde sur le temps. Mais je crois que ce tableau
était trop innovateur, il impliquait à l'époque un
tel bouleversement des pratiques du portrait qu'il
ne pouvait pas être compris immédiatement. On
le voit d'ailleurs dans les répliques qui en ont été
faites. Raphaël a admiré *La Joconde* mais quand il
fait *La Dame à la licorne*, il la normalise. *La Joconde*
est à part.

Ce qui m'a aussi beaucoup frappé quand je
travaillais sur *La Joconde*, c'est que je travaillais en
même temps sur tout Léonard de Vinci et donc
sur les cartes géographiques qu'il a réalisées à la
même époque, et un soir j'ai eu une sorte d'illu-
mination, peut-être une sorte de folie, en regardant ces cartes : j'ai perçu que le paysage de *La
Joconde* en arrière-plan, avec son lac très élevé et
son val aquatique et marécageux dans la partie
gauche, était pratiquement la prise en vue cava-

lière d'une carte de la Toscane que Léonard de Vinci réalise aussi en 1503-1504, et l'un des problèmes qu'il se pose dans cette carte est de savoir comment le lac Trasimène a pu jadis, dans un temps immémorial, expliquer les marécages du Val d'Arno, qui se trouve au sud d'Arezzo, en Toscane. On voit sur sa carte qu'il a dessiné un cours d'eau qui n'existe pas dans la réalité, allant du lac Trasimène au Val d'Arno. Ce qui m'a frappé, c'est de voir que la construction de *La Joconde* s'accordait pleinement à une réflexion cartographique et géologique de Léonard de Vinci, si bien que le paysage représenté derrière elle, c'est la Toscane immémoriale, celle qui existait avant que l'humanité n'y crée la grâce de ce pays, car la Toscane est très belle et c'est *La Joconde*. Ce cours d'eau qui relie le lac Trasimène au Val d'Arno, c'est le sourire de la Joconde. On pourrait continuer.

Par exemple, c'est vrai qu'elle a l'air d'être dans une grotte, et on a un très beau texte de Léonard sur la grotte : comme il se penche pour voir ce qu'il y a dans la grotte, il est attiré et il a peur. Cette attirance et cette peur de Léonard de Vinci par rapport au corps féminin sont bien connues : il est le premier artiste à avoir dessiné un sexe féminin comme une grotte. On peut continuer indéfiniment comme cela. *La Joconde* condense, je crois, une méditation sur le portrait et le temps qui est fondamentale pour l'art du portrait occidental, et en même temps c'est certainement l'un des tableaux les plus personnels de Léonard, parce qu'il a peint pour lui le portrait de la femme fertile, l'épouse de Francesco del Giocondo.

3

La peinture comme pensée
non verbale

Je vais parler, durant toutes ces émissions, de peinture. Il y aura quelques excursus sur l'architecture, sur quelques sculptures, mais nous parlerons avant tout de peinture, et essentiellement de celle comprise entre le XIVe siècle et la fin du XIXe siècle. C'est la période qui m'intéresse et sur laquelle je travaille. Elle est assez vaste pour que je ne puisse pas m'en dire le spécialiste, mais il y a des périodes ou des œuvres qui retiennent plus mon attention, non pas parce qu'elles sont nécessairement consacrées, mais parce qu'elles ont pour moi une densité de signification particulière.

Mon intérêt historique, et non artistique ou personnel, démarre aux alentours de 1250, et se terminerait entre 1885 et 1920. Au départ, j'aimais également beaucoup la peinture romane ou des œuvres de Bonnard de 1940, alors pourquoi cette découpe historique ? C'est tout d'abord par la cohérence d'un problème historique à long terme. Ce qui caractérise la peinture européenne du début du XIVe siècle à la fin du XIXe siècle, c'est qu'elle se fait sous le principe de l'imitation de la nature. Certains peintres à certains moments pensent même que les images qu'ils représentent sont vraies : il y a une vérité de la représentation. C'est en tout cas ce que prétend chercher et exiger du peintre le Florentin Leon Battista Alberti dans son texte de 1435, *De la peinture*, où il fonde la théorie de la peinture classique, et j'entends par là la peinture d'imitation, qui va depuis le texte d'Alberti jusqu'à l'impressionnisme — car l'impressionnisme continue à faire de la perspective : il y a des allées de peupliers de Monet qui sont de la parfaite perspective. La mise en forme du monde, la structure d'organisation de la représentation ne change pas fondamentalement depuis Masaccio, début du XVe siècle à Florence, jusqu'à Monet : la perspective est toujours là, et l'appareil photographique prendra ensuite le relais, dans la mesure où il ne fait que singer le principe de la perspective : il y a un œil unique et toutes les lignes convergent vers le point qui est la projection de l'œil sur la surface de représentation. C'est cette cohérence-là qui délimite mon champ de recherche et d'étude, parce qu'à l'intérieur de cette très longue période je peux dire que la forme de base de la représentation n'a

pas changé, et en même temps le nombre de styles
est considérable parce qu'on aura la première
Renaissance, la Renaissance classique, le maniérisme, le baroque et le classique, le rococo, le
néo-classicisme, le romantisme, le sublime, etc.
Dans un seul type de forme de base, qu'on appelait jadis le schème d'organisation, on a toute une
série de configurations du schème qui changent,
et qui sont les styles. C'est donc une possibilité,
dans l'Histoire à long terme, d'étudier les transformations. Ce qui m'intéresse c'est de savoir
comment un système se crée, entre la fin du XIIIe
et le début du XVe siècle, et comment il ne cesse
ensuite de se transformer jusqu'au moment où,
continuant quand même à fonctionner, il n'est
plus le système dominant. Il est concurrencé et
même mis à bas par des systèmes radicalement
différents, notamment l'abstraction. Avec *Carré
blanc sur fond blanc*, c'est terminé, il n'y a plus de
perspective.

Ce qui me passionne c'est la complexité des
problèmes posés, et les transformations, réponses,
solutions et recherches à l'intérieur de cette grande
unité historique. Je sais que cette unité peut
paraître beaucoup trop grande. Dans le même
temps, s'intéresser uniquement à la peinture semble
restreint, parce qu'elle ne peut pas être séparée de

l'architecture ou de la sculpture. Cela ne peut être qualifié d'histoire de l'art, mais plutôt d'histoire de la peinture. Alors d'accord, je fais de l'histoire de la peinture, je ne fais pas de l'histoire de l'art, mais je ne sais pas très bien ce qu'est l'histoire de l'art… Je fais une histoire de la peinture, et encore de certaines peintures, car je ne m'intéresse qu'aux tableaux qui m'intéressent. Je laisse à d'autres le soin de dire tout l'intérêt qu'ont des périodes qui m'intéressent moins. L'intérêt pour moi d'une longue période tient dans les transformations, en particulier le moment où, à l'intérieur du système général, un système apparaît, se noue, et puis le moment où il va se défaire pour être remplacé par un autre. On observe alors des processus équivalents à ceux qu'on observe en histoire des sciences. Il est extrêmement intéressant de pouvoir utiliser certains modèles d'interprétation élaborés par l'histoire des sciences pour voir qu'ils permettent de mettre au clair certaines transformations artistiques qui sans cela ne sont pas vraiment compréhensibles. Je pense bien sûr au livre de Thomas S. Kuhn sur *La Structure des révolutions scientifiques*, et il serait très intéressant de regarder comment on passe, par exemple, à la fin du XVIᵉ siècle, du maniérisme (qui est le style européen de l'époque), à la fois au baroque et au classicisme ; comment cette langue commune à toute l'Europe qu'est le maniérisme peut donner naissance, à travers une révolution artistique qui dure une vingtaine d'années, à la fois au style classique des Carrache, d'où viendra Poussin, et au baroque, ou au Caravage. Ces périodes-là sont très émouvantes, car dès lors qu'on ne suppose pas que le Caravage existe en 1580 et qu'on feint de ne pas savoir ce qui va se passer, l'actualité et l'intensité des propositions et de ce qui se passe durant ces années 1560-1570-1580 valent bien l'intensité de ce qui se passe actuellement dans l'art contemporain. L'histoire de la peinture nous paraît un long fleuve tranquille parce qu'on a cinq cents ans de distance, mais si on fait l'effort épistémologique d'ignorer qu'il va y avoir Galilée, le Caravage, on a des moments qui sont picturalement et intellectuellement passionnants.

Toute cette histoire de la peinture du xive à la fin du xixe siècle commence par un duo étonnant, qui est celui de Duccio, le grand Siennois, du tout début du xive siècle, et du grand Florentin du moment, Giotto. Celui-ci a été beaucoup plus privilégié que Duccio par l'histoire de l'art, car celle-ci a d'abord été faite par les Florentins, mais aussi parce que Giotto rompt avec la peinture de cette époque. Ils sont contemporains puisque

Duccio peint encore aux débuts de Giotto, et qu'on a des tableaux de Duccio de la fin du XIIIᵉ siècle jusqu'aux années 1310. C'est un couple qui m'intéresse parce que, autant Giotto propose des nouveautés, autant Duccio porte à son comble un système d'une richesse extrême et qui est destiné à disparaître, fondé non pas sur la perspective telle qu'elle sera inventée un siècle plus tard, mais sur une notion du lieu et des figures qui n'a rien à voir avec l'espace organisé de la perspective géométrique, mais plutôt avec les espaces de la mémoire. C'est un monde dans lequel j'ai été un peu amené à entrer, le problème des arts de la mémoire et des techniques de la mémoire à la fin du Moyen Âge. Mais c'est l'invention de la perspective qui va emporter l'art vers sa phase que j'appelle classique.

Ce mouvement prend en fait une centaine d'années, mais je tiens beaucoup au terme d'invention parce que la perspective n'est pas une découverte. On découvre l'Amérique parce qu'elle existait au préalable ; la perspective, elle n'existe pas avant qu'on l'invente. Quand on entend dire que les Italiens découvrent la perspective, cela sous-entend qu'elle existait déjà. Non, c'est une invention, et un système de représentation parfaitement arbitraire, qui a été inventé par toute une société sur près d'un siècle et non par un seul individu, mais pour quelles raisons ? Que cherche-t-on ? Quelle est la fonction de ce système de représentation tellement arbitraire ? Une perspective au sens classique du terme — que ce soit chez Alberti dans son *De pictura* ou Brunelleschi dans ses petits panneaux qui représentaient le baptistère de Florence ou la place de la Seigneurie, ou encore Masaccio par exemple dans la *Trinité* de Santa Maria Novella —, cela suppose un spectateur immobile, fixé à une certaine distance de ce qu'il regarde, et le regardant avec un seul œil. Cela n'a rien à voir avec la façon dont nous percevons : nos yeux n'arrêtent pas de bouger, même lorsqu'on fixe quelque chose, je crois que la science moderne a montré que l'œil n'arrête pas de scanner autour du point fixé mais n'est jamais immobile. Or la perspective suppose un œil absolument immobile, un seul œil, et absolument pas le mouvement de deux yeux qui balaieraient le champ. Il faut se rappeler que cette invention d'un système aussi arbitraire que la perspective centrée monofocale n'est pas la seule hypothèse. Pourquoi l'emporte-t-elle ?

Il y avait d'autres systèmes de perspective parfaitement efficaces à l'époque. Il y avait le système pratiqué en particulier par Lorenzo Ghiberti, également florentin, contemporain d'Alberti, de Filippo Lippi, de Fra Angelico, c'est lui qui a fait la fameuse porte du Paradis du baptistère de Florence, et il développe un système de perspective bifocale centralisée : il n'y a pas un mais deux points de fuite, qui correspondent chacun aux deux yeux. C'est tout aussi arbitraire, mais il avait des raisons précises de préférer ce système à celui de son collègue Alberti, et s'en est expliqué. Il y avait encore deux autres systèmes tout à fait excellents : le bifocal latéralisé de Paolo Uccello, où l'on suppose un point de fuite à l'extrême gauche parce que le regard se porte vers l'extrême gauche, et puis un autre point de fuite à l'extrême droite parce que le regard se porte à l'extrême droite, et entre les deux on organise les lignes de fuite, mais les foyers de lignes de fuite sont l'extrême droite et l'extrême gauche. Enfin, il y a le système de Fouquet, « français » entre guillemets puisque cela ne voulait pas dire grand-chose à l'époque. Lui, il met au point une perspective tournante, c'est-à-dire convexe : ill. 8 l'espace et les pavements, les plafonds, viennent vers le spectateur par le milieu et repartent vers le fond sur le côté ; ils viennent du fond, et repartent vers le fond. Ce système est très intelligent parce que, par exemple, pour représenter le parcours d'un cortège dans une ville, le sentiment de mouvement est beaucoup plus fort si on a l'impression que ça vient vers nous et que ça repart, en même temps qu'on balaie la surface de gauche à droite : c'est loin à gauche, proche au milieu, loin à droite, donc il y a un mouvement. Fouquet était un homme d'une intelligence supérieure, et en même temps quelle drôle d'invention, puisque Fouquet ne savait absolument pas que le fond de l'œil est concave, et que nous avons effectivement une vision courbe. Par contre, un historien qui s'appelle Schwarz a fait l'hypothèse, que je crois très convaincante, selon laquelle ce système de perspective circulaire convexe vient du fait qu'à l'époque, pour peindre, on avait très souvent dans les ateliers des miroirs, dans lesquels on regardait la réalité, parce que finalement le miroir fait déjà tableau. Et ces miroirs étaient convexes, le miroir plat étant postérieur au miroir convexe. Donc, la perspective convexe était proche de l'expérience des miroirs de l'époque. La complexité de cette question est très grande… La richesse des propositions de représentation géométrique ou spatiale du monde, et en particulier du monde urbain, de l'architecture, est considérable dans les années 1420-1450.

Comment a-t-on inventé la perspective qui

finalement l'emportera, et surtout pourquoi l'a-
t-elle emporté ? Le comment de cette question
est très compliqué, parce que celui qui a inventé
vraiment le dispositif, c'est un architecte, Filippo
Brunelleschi, l'architecte de la coupole de Florence qui, dans les années 1415-1417, donc très
tôt dans le siècle, a proposé un modèle théorique
qui est un petit panneau — il y en a plusieurs
mais je ne parlerai que d'un seul — sur lequel
était peint le baptistère de Florence tel qu'il est
vu depuis la porte centrale de la cathédrale, c'est-
à-dire juste en face, à vingt ou trente mètres du
baptistère. Pour démontrer la vérité de sa peinture géométrique, il ne fallait pas regarder d'un
côté le panneau et en face le baptistère, mais il
avait pratiqué un trou à l'intérieur de ce petit
panneau au travers duquel il fallait regarder par
le côté non peint, et à ce moment on voyait, par
ce trou, apparaître le baptistère. Puis on mettait
un miroir dans l'axe de vue et on voyait le baptistère peint, on baissait le miroir et on voyait
que c'était la même chose : démonstration que
l'architecte est capable de représenter exactement
ce qu'est l'architecture. Mais pourquoi une telle
mise en scène ? Eh bien, je crois que c'est Boscovic qui a trouvé l'explication, très simple, à savoir
que Brunelleschi voulait substituer la représenta-

tion au *modello* en bois des architectes, c'est-à-dire une maquette encore très artisanale. Brunelleschi voulait montrer que l'architecture est une question de représentation, et qu'un architecte est capable de concevoir ce que sera la figure de l'architecture, ce qui constitue une articulation fondamentale. Ce qui est très intéressant chez Brunelleschi, c'est qu'il est le premier architecte à énoncer, par sa peinture, et aussi clairement, que l'architecture est une question de représentation. Donc, il aurait inventé un dispositif commode pour éviter le *modello*. Mais l'interprétation de Boscovic, si elle est juste, est quand même insuffisante, car si ce n'était que cela, ce système n'aurait pas triomphé à ce point-là dans l'histoire de la peinture, d'autant plus que ce que fait Brunelleschi, ce n'est pas de la peinture, mais des panneaux de démonstration. Par exemple, dans le panneau du baptistère, il n'avait pas peint le ciel, il avait mis à la place une plaque d'argent qui reflétait le ciel réel, on voyait les nuages passer, d'après ce que nous dit son biographe Manetti. Ce n'est donc pas de la peinture, mais plutôt un objet de démonstration.

Comment se fait-il que ce système de représentation monofocale soit devenu celui de la perspective pour des siècles ? La réponse est forcément hasardeuse, car on ne peut prétendre résoudre facilement des questions aussi vastes. On sait que Brunelleschi et Masaccio travaillaient ensemble, notamment concernant la fresque de Masaccio à Santa Maria Novella, dont on se demande si elle n'a pas été dessinée par Brunelleschi. Ils travaillaient main dans la main, avec aussi Donatello, le sculpteur. C'est donc une période extraordinaire en architecture, peinture et sculpture, où ces disciplines travaillent toutes dans la même direction. La première perspective réalisée a été une perspective sculptée, c'est la base du *Saint Georges* de Donatello, où il y a une architecture en perspective monofocale. Les raisons du triomphe de ce système de représentation monofocale sont complexes. Il y a tout d'abord le rôle de Leon Battista Alberti et de son livre, le *De pictura*, qui légitime la construction en perspective et qui a un certain prestige dans le monde de la culture et pas seulement auprès des artistes. Ensuite il y a les commanditaires, et en particulier Côme de Médicis, dit Côme l'Ancien, qui rentre à Florence en 1434 et règne dessus, un an avant qu'Alberti n'écrive son livre, et qui va choisir une peinture non pas de gothique international, luxueuse, princière, mais pour des raisons parfaitement idéologiques une peinture « toscane », c'est-à-dire économique, sobre, rigoureuse, et la perspective s'applique à ça. Et puis, la troisième raison, qui est peut-être la plus profonde et la plus fascinante, c'est le sens fondamental de l'opération intellectuelle qui est à la base de la perspective. La perspective n'est pas une forme symbolique, au sens où l'entendait Erwin Panofsky dans son texte fondateur de 1925, *La Perspective comme forme symbolique*, mais il est sûr que c'est une opération intellectuelle fondamentale, et c'est celle-là qui va demeurer valable pour la position qu'elle donne au sujet, à l'homme dans le monde, pendant des siècles.

4

L'invention de la perspective

La perspective a été inventée à Florence, entre 1420 et 1450. On a de grands témoins, Brunelleschi, Donatello, Masaccio, Alberti, puis on aura Fra Angelico, Fra Filippo Lippi. On se met donc à peindre en perspective et Florence a incontestablement un rôle de leader à ce moment-là, car Venise est complètement éloignée de la perspective, elle est absolument gothique ; Pisanello, le grand peintre gothique international du nord de l'Italie, à Mantoue en particulier, est un peintre de cour qui ne fait aucun espace perspectif centralisé ; quant aux Siennois, malgré tout l'amour que je porte à Sienne, ils ne comprennent véritablement pas, ou plutôt ça ne les intéresse pas, ils ne veulent pas entendre parler de perspective monofocale, et il leur faudra d'ailleurs beaucoup de temps pour l'admettre. C'est à Florence que ça se passe. Comment se fait-il qu'à un certain moment, une ville avec un certain nombre de peintres et un milieu artistique et intellectuel en arrive à proposer ce qui va devenir une sorte de modèle pour d'autres ? Il faut savoir qu'à l'époque — c'est Samuel Edgerton qui y a pensé —, Florence est un grand centre de cartographie, et que la relation entre perspective et cartographie est absolument intime. On sait par exemple qu'un médecin, Paolo Toscanelli, auteur d'un traité de perspective et d'un *Traité sur les miroirs pour faire apparaître les dragons*, a également écrit à Christophe Colomb à partir de réflexions cartographiques pour lui dire qu'il ferait bien d'aller voir à l'ouest s'il ne se passait pas quelque chose ! Ces deux exercices sont donc profondément liés. Ça n'explique cependant pas pourquoi Florence va l'emporter et devenir la ville de la perspective centralisée.

Je crois que l'une des données historiques importantes, c'est le rôle politique de Côme l'Ancien, qui rentre d'exil en 1434, et dont le premier soin va être d'organiser le pouvoir en faveur des Médicis, ce qui va durer longtemps, comme on le sait. Or, il a à ce moment-là un grand ennemi, dont il a obtenu l'exil immédiat dès son retour, qui est le citoyen le plus riche de Florence et qui s'appelle Palla Strozzi, issu d'une grande famille florentine ennemie des Médicis dont un palais de la ville porte le nom. Il se trouve que cet homme, en 1425, a fait peindre *L'Adoration des mages* à Gentile da Fabriano, le peintre gothique international par excellence. Sa peinture est très luxueuse, avec de l'or et du relief, et se révèle d'un désordre narratif extraordinaire et d'une très grande profusion. En choisissant ce peintre, Palla Strozzi indiquait premièrement qu'il était le plus riche de Florence, et deuxièmement qu'il était digne d'une cour, puisque le gothique international est un art de cour. Côme l'Ancien, revenant et reprenant le pouvoir, ne pouvait pas choisir cet art ; il fallait absolument que politiquement il indique qu'il prenait le contre-pied de cette direction, passionnante par ailleurs. Il choisit donc un art sobre, inspiré par la *toscanità*, l'aspect toscan, c'est-à-dire un retour à Giotto, l'architecture sobre, puissante, organisée, sans démonstration de luxe, d'or, mais au contraire des figures dignes, pesantes. C'est un retour à Giotto, et au système proposé par Masaccio en 1425 avec la *Trinité*, mais surtout l'architecture des personnages de la chapelle du Carmine devenait un modèle de peinture sobre, pleine de *dignitas* et de tradition toscane. Côme choisissait ce style comme représentant la tradition de la ville de Florence, de la toscanité.

Qu'il y ait une dimension politique dans ce

choix, on le voit à deux raisons. Premièrement, quand Côme l'Ancien commande des tableaux pour les chapelles Médicis ou les chapelles Côme et Damien dans Florence, il demande à Fra Angelico ou à Filippo Lippi ce qu'on appelle des *tavole quadrate*, des panneaux carrés, c'est-à-dire non plus gothiques mais des carrés ou des rectangles avec une perspective centrale. On trouve dedans saint Côme et saint Damien, les deux saints protecteurs des Médicis. En une dizaine d'années, Côme réussit à faire que le nom des Médicis et les commandes Médicis soient associés à ce style sobre, digne, rigoureux. Cette opération est publique, puisqu'elle intervient dans des lieux publics. Par contre, quand Côme l'Ancien fait décorer sa chapelle privée dans le palais Medici-Riccardi, il ne fait pas appel à Gentile da Fabriano puisqu'il est mort, mais à Benozzo Gozzoli, qui est la version florentine du gothique, mis au goût du jour mais fondamentalement gothique. *Le Cortège des Rois mages*, à l'intérieur de la chapelle des Médicis, est en fait un chef-d'œuvre gothique. À l'intérieur, Côme se comporte en prince, mais à l'extérieur il se comporte comme un « Père de la Patrie », formule inscrite sur sa tombe, et donc en citoyen florentin.

Je pense qu'à un niveau de chronologie historique, le succès de la perspective à Florence est intimement lié à une opération politique de représentation du pouvoir Médicis par le biais d'une forme de peinture dont le principe presque moral est celui de la *sobrietas* et de la *res publica*. C'est effectivement ce que représente la perspective, puisque, telle qu'en parle Alberti dans son *De pictura*, la perspective construit d'abord un lieu d'architecture, qui est une place, et sur cette place l'Histoire se déroule : c'est la place urbaine, sur laquelle se fait l'Histoire. C'est l'idée de l'Histoire républicaine. Dans les discours des chanceliers de la République, il est dit que la liberté se décide sur la place. Alors que la maison privée, en particulier celle du prince, est le lieu de la trahison et de la fourberie. Je vais d'ailleurs bientôt écrire sur la dimension politique du *De pictura* d'Alberti...

Il y a une chose que je n'ai pas dite, c'est à qui Alberti a dédié son livre : pas à Côme l'Ancien, c'eût été trivial, mais au prince de Mantoue, qui est un grand admirateur de Pisanello, le peintre du gothique international par excellence. C'est à ce prince, qui a une cour magnifique et Pisanello pour peintre, qu'Alberti dédie un opuscule très court destiné à révolutionner la peinture et à proposer ce qui va être une peinture à l'opposé de

Pisanello. C'est là encore un autre aspect passionnant, puisque l'invention de la perspective va être le triomphe d'un certain humanisme, celui d'Alberti, par rapport à l'humanisme de cour, de Guarino et tous les gens qui gravitent dans les cours du nord de l'Italie. Cela dit, on ne peut en rester là, parce que ce n'est pas par anecdote que la perspective l'a emporté et qu'elle s'est diffusée pour devenir la forme de représentation européenne. Il y a évidemment des raisons plus profondes qui ne tiennent plus à l'actualité historique ponctuelle ou chronologique, même si c'est essentiel pour comprendre ce qui s'est passé dans les faits année après année, mais qui tiennent au fait que la perspective a un sens. Pas seulement le sens toscan que lui donne Côme l'Ancien, mais un sens proprement philosophique. La perspective, comme l'a très bien dit Hubert Damisch, ça ne montre pas seulement, ça pense.

Quelle est donc cette pensée qui l'a fait triompher non seulement à Florence mais dans toute l'Europe, et pour quatre siècles ? Plusieurs réponses ont été proposées. La plus célèbre est celle d'Erwin Panofsky : la perspective est une forme symbolique. Il montre comment il y a une perspective antique, gréco-romaine, comment celle-ci se perd au Moyen Âge, et comment au XVe siècle, que ce soit en Italie ou dans les Flandres — il y a de très belles perspectives centralisées pendant ces années-là dans les Flandres, mais qui ne sont pas mathématiques —, la perspective mathématique est la forme symbolique, c'est-à-dire la forme à laquelle est attaché intimement le concept d'une vision déthéologisée du monde. Plus simplement, la perspective est la forme symbolique d'un monde d'où Dieu se serait absenté, et qui devient un monde cartésien, celui de la matière infinie. Les lignes de fuite d'une perspective sont parallèles et se rejoignent en réalité dans l'infini, le point de fuite est donc à l'infini. Panofsky estime que la perspective est la forme symbolique d'un univers déthéologisé, où l'infini n'est plus seulement en Dieu, mais réalisé dans la matière en acte sur terre. Cet article est sans conteste génial, mais il faut penser qu'Alberti est un aristotélicien, il ne peut donc pas penser l'infini sur terre. Pour lui, l'espace est aristotélicien, c'est-à-dire clos et fait de la somme de ses lieux. Le point où se rejoignent les lignes de fuite n'est jamais appelé point de fuite, mais point central. D'ailleurs, on dira encore à la fin du XVIᵉ siècle le « terme » de la perspective, donc la fin, ce qui prouve que l'idée que les lignes de fuite se rejoignent à l'infini est moderne. Le modèle de cette théorie est la scène de théâtre. Perspective et

théâtre sont deux séries qui s'influencent récipro-
quement de manière extraordinaire, car le théâtre
est un lieu clos dans lequel se joue une scène historique, exactement comme le panneau de peinture que propose Alberti. Ainsi, l'explication de
Panofsky par l'univers déthéologisé est philoso-
phiquement passionnante mais historiquement
inadéquate.

Pierre Francastel a proposé une autre interprétation dans son livre *Peinture et société*. Il dit qu'en
fait, avec la perspective, les hommes du temps
construisent une représentation du monde ouvert
à leur action et leurs intérêts. C'est très intéressant car le point de fuite est la projection de l'œil
du spectateur dans la représentation, et le monde
s'organise dès lors en fonction de la position
du spectateur. Il est construit pour le regard du
spectateur qui ensuite doit bien sûr y prendre sa
place. Si vous regardez les peintures de Masaccio
par exemple, vous constaterez que ses figures ont
les pieds solidement sur terre, à la différence des
figures gothiques qui ont l'air de se tenir sur la
pointe des pieds, et que dans la célèbre fresque
ill. 10 du *Paiement du tribut* à Santa Maria del Carmine,
il y a un très beau geste du Christ redoublé par
saint Pierre indiquant impérativement de l'index d'aller à droite faire quelque chose. Et saint

Pierre va à droite et trouve la pièce d'argent dans la bouche du poisson. Le monde s'ouvre à l'action des hommes. C'est très juste à mon sens, sans épuiser la dimension philosophique et l'opération intellectuelle de la perspective.

Pour ma part, et me servant du vocabulaire de l'époque, je dirais que la perspective n'est pas une forme symbolique puisqu'elle changera de fonction, mais au XVe siècle en tout cas, elle signifie effectivement une vision du monde qu'elle construit, un monde en tant qu'il est commensurable à l'homme. Le terme *commensuratio* est utilisé par Alberti dans le *De pictura*, et également par Piero della Francesca dans son livre sur le *De prospectiva pingendi*, «La perspective de la peinture». Avant de s'appeler perspective, elle s'appelait *commensuratio*, c'est-à-dire que la perspective est la construction de proportions harmonieuses à l'intérieur de la représentation en fonction de la distance, tout cela étant mesuré par rapport à la personne qui regarde, le spectateur. Le monde devient donc commensurable à l'homme. Il n'est pas infini, car la question du fini ou de l'infini ne se pose pas, mais plutôt commensurable par l'homme, et dont l'homme puisse construire une représentation vraie de son point de vue. Je signale à l'appui de cette interprétation qu'en même

temps qu'on mesure l'espace dans la peinture, on
le mesure dans la cartographie et l'on mesure également le temps, avec l'horloge mécanique. Brunelleschi, qui inventa la perspective, était aussi un
grand fabricant d'horloges mécaniques. À cette
époque-là intervient donc une nouvelle conception de la mesure de l'espace et du temps. Cette
géométrisation de l'espace et du temps (l'horloge
mécanique n'étant rien d'autre qu'un engrenage
qui géométrise le temps et qu'on peut remonter
indéfiniment sans qu'elle s'arrête jamais, à la différence du sablier qui compte le temps qui s'écoule
et qui sera fini), c'est là qu'est je crois l'innova-
tion fondamentale et bouleversante de l'invention de la perspective.

L'invention de la perspective ne s'est bien sûr
pas faite d'un coup. Il n'est qu'à voir la fresque de
ill. 10 Masaccio du *Paiement du tribut* à Santa Maria del
Carmine, où il y a un seul espace peint pour tout
le mur, ce qui est déjà une nouveauté considérable, avec un point de fuite central qu'indique la
perspective, mais avec trois groupes de personnages dans lesquels saint Pierre est représenté trois
fois. Il est représenté au milieu dans le groupe
des apôtres avec Jésus, à l'extrême gauche quand
il va chercher la pièce dans la bouche du poisson,
et à l'extrême droite quand il donne cette pièce

au gardien de la ville. Donc, l'unification du lieu
de l'*historia* (je ne veux pas dire l'unification de
l'espace) n'implique pas immédiatement une unification temporelle de l'histoire. Il peut y avoir
un seul lieu, mais trois épisodes successifs dans le
lieu. Il faudra attendre un certain temps pour que
tout d'abord l'unification du lieu l'emporte, parce
qu'il y aura longtemps des peintures avec plusieurs lieux, comme les fresques de Filippo Lippi
à Prato, qui racontent l'histoire de saint Jean- ill. 11
Baptiste et de saint Étienne. Dans celle de la
danse de Salomé et de la décapitation de saint
Jean-Baptiste, dans une magnifique perspective
centralisée, avec une architecture de pavements
admirablement bien construite, Salomé est présente trois fois. Elle danse, elle prend la tête de
saint Jean-Baptiste et elle la porte à Hérode sur
la droite, Hérode qui s'est déplacé entre-temps.
Donc, ce n'est pas parce qu'on unifiait le lieu
de l'*historia* qu'on avait en même temps tiré la
conclusion de l'unité de lieu, unité de temps,
unité d'action. Il peut y avoir unités de lieu et
d'action avec trois temps différents, parce que ces
artistes savaient parfaitement bien qu'un tableau
ou une fresque se regarde dans le temps. Même si
le lieu est unique, il nous faut du temps pour
aller du centre aux côtés, ils n'ont donc pas sup-

posé qu'il fallait immédiatement une unité de temps.

Léonard de Vinci en particulier jouera plus tard un rôle important pour faire admettre qu'il est contradictoire de mettre la même figure plusieurs fois dans un même lieu, mais c'est à la fin du siècle, dans les années 1490. Toutefois Léonard de Vinci, qui est un admirateur d'Alberti — le seul Italien contemporain qu'il cite dans ses écrits —, après avoir démontré sa capacité en perspective, rejette la perspective linéaire. Le moment magnifique où l'on voit bien s'opérer ce rejet, ill. 27 c'est la *Cène*, à Santa Maria delle Grazie, où le plafond est construit dans une perspective parfaite mais où la table des apôtres et le Christ sont en avant de cette perspective. Après ce tableau, Léonard ne peindra plus jamais une seule perspective géométrique, pour des raisons qui sont les siennes mais qu'on peut, je crois, rattacher à une tendance générale consistant à dire que si la perspective a construit le lieu pour l'histoire et pour les figures qui vont s'inscrire dans ce lieu, la figure, elle, va progressivement s'affranchir des limites de son lieu et prendre possession de l'histoire au-delà du lieu construit par la perspective. L'invention de la perspective se construit donc à la fois rapidement — un siècle ou un siècle et demi pour un bouleversement complet des scènes de représentation, c'est tout de même assez rapide — et en même temps, lorsqu'on entre dans le détail de ce qui s'est passé, on se rend compte de la complexité de cette transformation, complexité logique parce que les enjeux théoriques de la perspective ne sont pas légers.

5

Perspective et annonciation

L'invention de la perspective, c'est donc Florence au début du xve siècle, 1415-1450. Il y a bien sûr eu des signes avant-coureurs, en particulier à Sienne (et non pas à Florence) dans la première moitié du xive siècle, avec deux peintres brillants, des génies de la peinture oubliés aujourd'hui sauf des spécialistes, les frères Lorenzetti : Pietro et Ambrogio. Ils sont tellement admirés au xve siècle que Ghiberti, l'auteur de la porte du Paradis du Baptistère de Florence, considère que le peintre savant par excellence, le *doctus pictor*, c'est Ambrogio Lorenzetti, expert, dit-il, « dans la théorie de son art ». On savait donc très bien au xve siècle à Florence que les Lorenzetti avaient été de grands artistes aux propositions tout à fait extraordinaires. Parmi ces propositions, il y eut justement la perspective.

Erwin Panofsky est le premier à l'avoir remarqué, quoiqu'on ait depuis nuancé son propos. Dans

La Perspective comme forme symbolique, toujours le même essai de 1925, il estime que la première peinture représentant une perspective entièrement monofocale centralisée, pour le pavement unique-
ill. 12 ment, est *L'Annonciation* peinte par Ambrogio Lorenzetti en 1344. Ce texte est très intéressant et passionnant, mais il semblerait en fait aujourd'hui que ce soit Pietro Lorenzetti et non son frère qui, dans la *Naissance de la Vierge*, conservée au Museo del Opera del Duomo à Sienne, ait fait pour la première fois un pavement centralisé et même un point de distance, c'est-à-dire un deuxième point pour construire la perspective. Mais laissons à Ambrogio Lorenzetti le mérite de cette « invention », pour la concordance des dates et la rigueur de l'intelligence de la construction. De plus, vous savez que pour construire une perspective il faut un point de fuite, qui donne une ligne d'horizon vers laquelle convergent toutes les lignes de fuite. Mais ensuite, pour représenter correctement et géométriquement la diminution des carreaux vers la profondeur, un des principes de vérification consiste à tracer une oblique depuis le bas à gauche vers la ligne d'horizon déterminée par le point de fuite ; chaque fois que cette oblique croise une ligne de fuite, ça donne une ligne de carreaux diminués. C'est tellement simple qu'aujourd'hui un enfant de huit ans saurait le faire.

Or l'étude technique rapprochée de *L'Annoncia-* il. 12
tion d'Ambrogio Lorenzetti, que n'a pas pu faire
Panofsky en 1925, a montré qu'il avait eu l'idée
de ces obliques, mais n'avait pas très bien compris le principe. Il avait tracé des tentatives dans
le plâtre, le support étant un panneau de bois
recouvert de plâtre et peint par-dessus, le tracé
géométrique est donc là, il était au bord de l'idée
mais ne l'a pas eue, ce qui est vraiment admirable
à observer. On voit donc que c'est un type de
représentation qui intéresse Lorenzetti.

Pourquoi cette perspective apparaît-elle dans
L'Annonciation ? En fait, c'est un diptyque, peint
sur un seul panneau, c'est-à-dire deux arcs bri-
sés : sous l'un, il y a l'Ange Gabriel, sous l'autre,
la Vierge, à la droite du spectateur. La colonne
qui soutient ces deux arcs et sépare les deux figures
n'est pas sculptée, mais peinte, ou plus précisément gravée dans le fond d'or présent dans la
partie supérieure de l'image, et peinte en or sur la
partie inférieure qui représente le pavement en
perspective. Or, il se trouve que le point de fuite
est derrière cette colonne, qui le recouvre. Dans
le fond d'or de la partie supérieure est inscrite
en latin la formule de l'Ange Gabriel s'adressant
à Marie, la troisième salutation angélique à la
Vierge : « Car rien ne sera impossible à Dieu qui

est tout Verbe. » Cette inscription ne passe pas derrière la colonne, elle s'interrompt avec la colonne qui est sur le même plan, et fait partie du fond d'or tout comme l'inscription. En revanche, quand on passe dans la partie où se trouvent le pavement en perspective et toutes les lignes de fuite, la colonne est devenue matérielle. Je peux le dire parce qu'elle passe devant la robe de la Vierge, dont on voit un petit morceau de tissu dans la partie de Gabriel. Ici, je crois que nous sommes au bord d'une idée absolument géniale d'Ambrogio Lorenzetti et que peu de peintres réarticuleront dans la perspective géométrique parfaite, à savoir, comment figurer l'incarnation dans l'Annonciation. L'Annonciation, c'est le moment où l'Ange Gabriel salue Marie et lui annonce qu'elle aura un enfant qui sera le fils de Dieu ; elle demande à l'Ange comment cela sera possible puisqu'elle n'a jamais connu d'homme, et il lui répond : « Car rien n'est impossible à Dieu qui est tout Verbe », et elle dit alors : « *Ecce ancilla Domini* », « Je suis la servante du Seigneur », et dans l'instant l'Incarnation est faite. Mais l'Incarnation n'est pas visible, c'est un mystère. Ce qui aurait éventuellement pu être visible, c'est l'histoire de l'Annonciation, le dialogue entre l'Ange et la Vierge qui, bien que personne n'en ait été témoin, est rapporté comme une scène historique, et qui peut donc être représenté. Mais l'Incarnation, elle, ne peut être représentée alors qu'elle est au cœur même de l'Annonciation et la légitime. Duccio avait une solution intéressante pour figurer l'Incarnation, mais elle n'est pas aussi parfaite que celle de Lorenzetti, qui est à ma connaissance le premier peintre à représenter l'Incarnation grâce à la colonne. Dans la partie haute, la colonne appartient au fond d'or. Or le fond d'or c'est la lumière divine, et il ne faut pas oublier que ce tableau était devant des cierges dont la lumière se reflétait sur le fond d'or, animé et, par rapport au reste du tableau, vivant, insondable et infini, et dans lequel s'inscrit la colonne. Dès lors qu'elle passe dans la partie basse, ce lieu mesurable par la perspective où sont l'Ange et la Vierge, elle devient un corps opaque : elle est la figure de l'Incarnation. Ce qui est passionnant dans ce tableau, c'est que Lorenzetti est au bord de l'invention de la perspective (puisqu'il a l'idée de centrer toutes les lignes de fuite sur un seul point), mais pas celle de la diminution géométrique. En revanche il pense que ce qu'il construit dans cet espace en perspective est un espace où tout sera commensurable et où l'Infini change de nature, s'incarne en corps opaque. À ce niveau,

Ambrogio Lorenzetti s'y connaissait effectivement en matière de théorie de son art, comme le disait Ghiberti.

Ce qui m'a beaucoup passionné, c'est de voir que cent ans plus tard, dans les années 1440, à Florence, va réapparaître cette problématique de la perspective, de l'Annonciation et de l'Incarnation. Comment la perspective construit un monde mesurable, commensurable à l'homme, et donc comment, s'il est possible d'y représenter l'histoire visible de l'Annonciation, on ne peut pas y représenter l'Incarnation qui est invisible. Certains peintres vont alors trouver le moyen de figurer (et non de représenter) l'Incarnation par un désordre de la perspective. Quelque chose est là dans la perspective, mais qui lui échappe, qui est incommensurable à la perspective, et c'est évidemment Dieu s'incarnant, puisqu'il est infini. C'est d'ailleurs un prédicateur qui le dit, saint Bernardin de Sienne, qui écrit sur toute une page une définition de l'Incarnation, à savoir que Dieu vient dans l'homme, l'éternité vient dans le temps, le Créateur dans la créature, l'artiste dans son œuvre... et aussi que l'infigurable vient dans la figure, l'indicible dans le discours, l'immense dans la mesure, qui est l'Incarnation dans l'Annonciation. À Florence, dans les années 1440, un siècle

après Lorenzetti, certains peintres reposent le problème de la perspective, qui ne peut représenter
l'Incarnation, mais peut lui donner figure par un
désordre, un écart interne, une disproportion, une
« discommensuration » qui illustre le mystère de
l'Incarnation. Il nous manque une Annonciation
clé du XIVᵉ siècle, peinte en 1425 par Masaccio
et exposée à l'époque à San Niccolò Oltrarno à
Florence, malheureusement perdue, dont on a
cependant une belle description et dont on peut
reconstituer le schéma grâce aux dérivés du modèle
original, mais on ne saura jamais exactement ce
qu'il y avait dans le fond, au milieu de la perspective de cette *Annonciation* de Masaccio. Je pense en
revanche que, vingt-cinq à trente ans plus tard,
Domenico Veneziano, dans la petite *Annonciation* ill. 13
qui est aujourd'hui à Cambridge, se souvient de
Masaccio et repose admirablement la question
posée par Ambrogio Lorenzetti, c'est-à-dire la
perspective comme outil de construction d'un
monde régulier, proportionné, mais aussi admirable de beauté représentant la vision paradisiaque.

Il faut d'ailleurs dire que la perspective n'est
absolument pas une contrainte pour les peintres,
mais un instrument dont ils jouent et avec lequel
ils peuvent donner des significations différentes.
Pour Domenico Veneziano, la perspective construit

le lieu admirable de la Vierge, qui est en fait la figure du corps de Marie, car la Vierge est une architecture, c'est un temple, le tabernacle. La perfection de ce petit panneau de *L'Annonciation* est à l'image de la perfection de la Vierge : perspective parfaite, centralisée, et au fond de la perspective une porte absolument disproportionnée. C'est une porte dans une muraille crénelée, donc une porte de ville, forcément très solide, qui ferme le jardin clos de la Vierge, inscrite au centre du tableau et cachant le point de fuite, comme la colonne chez Ambrogio Lorenzetti. Mais quand on regarde le verrou, on s'aperçoit que c'est celui d'une porte de placard, c'est-à-dire qu'il est minuscule et qu'on peut le manier à la main, alors que si c'était une porte de ville, il serait impossible à manier. Domenico Veneziano a volontairement fait cette erreur, car cette porte n'entre pas dans la perspective, elle lui échappe, elle lui est non commensurable parce qu'elle est la figure de l'Incarnation. Je peux le dire car la porte est à la fois le symbole du Christ — Jésus est la Porte — et celui de la Vierge. La porte, c'est Jésus dans la Vierge, c'est donc forcément l'Incarnation qui échappe à la commensurabilité de la perspective qui raconte l'histoire visible de l'Annonciation. C'est là que la peinture pense. Les peintres pensent, avec des moyens de peinture, dont la perspective est l'un des instruments, qui a permis à certains des peintres qui étaient un peu théoriciens de proposer des pensées de peinture absolument admirables.

Un des élèves de Domenico Veneziano à Florence était Piero della Francesca. Ce n'est pas un hasard si, trente ans plus tard, Piero della Francesca à son tour revient à Masaccio pour une *Annonciation* où il y a de nouveau une dispropor- ill. 14 tion magnifique au cœur de la perspective, qui est une figure de l'Incarnation. Cette fois-ci c'est une plaque de marbre disproportionnée, mais comme Piero della Francesca est un vrai mathématicien, il fait mieux que Domenico Veneziano son maître, il réussit dans la perspective même de l'Annonciation à cacher le secret de l'Incarnation, puisqu'il y a un massif de colonnes dissimulé par la perspective elle-même qu'il montre. La description serait un peu longue, mais il faut imaginer la Vierge sous un portique, l'Ange en face d'elle, à gauche pour le spectateur, entre les deux un cloître et la très longue perspective de ce cloître avec des colonnes, et au fond de ce portique une plaque de marbre. La plaque de marbre, bien qu'au fond du tableau, est peinte comme si elle était tout près. Elle est peinte en fait à dimension réelle, donc toute petite, mais venant vers l'avant :

elle fait surface, échappe à la profondeur de la perspective. Ce choix est déjà une référence à Veneziano et, personnellement je le pense, à Masaccio. Mais Piero della Francesca fait mieux, parce qu'il est mathématicien : il choisit un point de vue extrêmement précis, qui fait que le point de fuite est tout proche de l'angle de l'architecture. Et si l'on fait le plan au sol, ce qui est possible puisque c'est une architecture mathématique, on se rend compte qu'entre l'Ange et la Vierge, exactement sur leur axe visuel, il y a un massif de colonnes dissimulé par celui que nous voyons au premier plan. Ce massif du premier plan est en avant de l'Ange et de la Vierge, et cache derrière lui un autre massif. Or, si l'Ange lève les yeux ce n'est pas la Vierge qu'il voit, mais ce massif de colonnes. Pourquoi faire cela ? Par jeu ? Thomas Parton, qui est celui qui a vu la chose et il faut l'en féliciter, dit que c'est un « trompe-l'intelligence ». Je crois que c'est tout à fait autre chose. C'est le secret de l'Incarnation caché dans le visible de l'Annonciation. Je peux le dire parce qu'il se trouve que la colonne est un des symboles les plus connus et traditionnels du Christ : *Columna est Christus*, « le Christ est une colonne ». Le massif de colonnes, c'est donc l'Éternel en tant qu'il est déjà là, « présent invisible dans le lieu de l'Annonciation », et ce n'est pas moi qui le dis mais Jacques de Voragine. Il dit en substance que l'Ange Gabriel a eu beau faire aussi vite qu'il pouvait, Dieu est allé plus vite que lui, il était présent invisible dans le lieu de l'Annonciation. Donc, par un pur jeu génial de la structure mathématique de la perspective, Piero della Francesca a figuré l'Incarnation : son mystère avec la plaque de marbre qui est au fond, et son secret avec le massif de colonnes caché dans ce qu'il montre même, caché dans ce qui se voit. Ce genre d'œuvre me bouleverse d'intelligence, avec en plus, bien sûr, la beauté, mais l'intelligence de la peinture mérite réflexion.

Cela dit, tous les peintres ne sont pas mathématiciens. Tout le monde n'est pas Piero della Francesca. D'un autre côté, la perspective n'a pas qu'un mode d'emploi. On peut utiliser aussi la perspective à des fins qui sont propres. L'un des grands exemples, c'est Fra Angelico, Florentin, contemporain de Piero della Francesca. Il est moine dominicain, donc certainement doté d'une culture théologique mais pas nécessairement aussi profonde qu'on la lui prête parfois, car rien ne nous dit qu'il allait tous les jours à la bibliothèque de San Marco consulter les livres d'Albert ou de saint Thomas. Fra Angelico a peint plu-

sieurs Annonciations, dont deux extrêmement
intéressantes qui méritent une analyse approfon-
ill. 15 die. Il y a celle qu'il peint pour l'église de Cortone,
au sud de Florence, un tableau d'autel destiné au
public des fidèles, et celle qui ressemble énormé-
ill. 16 ment à la première mais qui est en même temps
très différente, au premier étage du couvent de
San Marco, destinée aux moines qui passent devant
au moment de se rendre dans leur cellule en haut
de l'escalier, mais aussi aux laïcs puisque c'est
encore une partie publique du couvent. Dans
L'Annonciation de Cortone, Fra Angelico a un jeu
de la perspective qui n'est absolument pas albertien, à la différence de celle de San Marco. Dans
les deux, il réussit à figurer l'Incarnation, non pas
par un désordre de la perspective mais par le
cadrage de l'image. Ce qu'il faut retenir c'est que
la perspective suppose un cadrage. Ce n'est pas
seulement un point de fuite et des lignes. La première opération, dit Alberti, c'est de faire le
cadre, avant de faire le point de fuite, les lignes et
l'horizon. C'est le cadre, pris comme une fenêtre,
qui détermine le lieu à peindre, mais ce n'est pas
une fenêtre ouverte sur le monde, Alberti n'a
jamais dit cela, c'est une fenêtre à partir de
laquelle on peut contempler l'histoire, et non pas
regarder le monde ; c'est très précis et c'est un

point auquel je suis très attaché. Donc le cadre
détermine l'autonomie de la peinture ; on passe
d'un regard à une contemplation. C'est dans ce
cadre que l'on construit la perspective. Dès le
xvᵉ siècle, il existe un nombre considérable de
peintres parfaitement conscients de la valeur signi-
fiante du cadrage, dont Fra Angelico est certainement l'un des tout premiers.

6

La Vierge échappe à toute mesure

La perspective n'est pas seulement ce à quoi on la réduit souvent, c'est-à-dire l'idée d'un point de fuite où convergent toutes les lignes de fuite, et d'un point de distance qui permet de représenter la diminution des objets dans la profondeur fictive en fonction de la position de l'observateur. La perspective, telle qu'on la pratique à partir du xve siècle, commence par autre chose. La première opération du peintre, avant le point de fuite, c'est ce qu'on appellerait aujourd'hui le cadrage, c'est-à-dire le fait de poser le cadre à l'intérieur duquel on pourra contempler l'histoire. Je le répète parce que j'y tiens beaucoup, la fenêtre d'Alberti n'ouvre pas du tout sur le monde, ce n'est pas un détail du monde qu'on voit à travers cette fenêtre, c'est le cadre à partir duquel on peut contempler l'histoire. C'est le dessin rectangulaire de la surface qu'on va peindre, le cadrage, qui détermine toute la perspective.

De fait, si on commence à regarder les peintures du xvᵉ siècle de ce point de vue, on se rend
compte que les peintres se sont immédiatement
posé le problème du cadrage de leur représentation, et même de la représentation de ce cadrage
à l'intérieur même de la peinture. Par exemple, si
vous allez dans les églises toscanes regarder des
fresques des années 1430-1460, je vous conseille
de regarder ce qui se passe à l'angle des murs. Il
est intéressant de voir quelle solution le peintre a
choisie pour cet angle-là : a-t-il peint un bord,
un cadre, un pilastre, etc. ? Vous verrez que certains peintres — je pense ici à Masaccio bien sûr,
mais aussi à Filippo Lippi à Prato — se sont posé
la question du bord du cadre et des limites consti-
tutives de l'espace de la fresque de manière remar-
quablement intelligente. À Prato en particulier,
Filippo Lippi peint un cadre, mais fait que l'action passe à travers le cadre. D'un côté de la
chapelle vous avez des bourreaux qui jettent des
pierres sur saint Étienne peint sur le mur du
fond, et les pierres sont supposées traverser l'espace réel de la chapelle ; de l'autre côté, le bourreau a décapité saint Jean-Baptiste sur le mur de
fond, et le coude du bourreau correspond exactement avec l'angle de la chapelle et il donne la
tête à Salomé, sur le mur latéral. La question du
bord du cadrage est essentielle dans la définition

ill. 9
et 11

de la perspective. Je crois que l'un des peintres qui l'ont le mieux perçu, conçu et représenté, est Fra Angelico.

Nous allons donc revenir aux deux *Annonciations*, peintes par Fra Angelico, très proches l'une de l'autre, le tableau d'autel de Cortone et la fresque de San Marco. Apparemment, les deux images sont pratiquement identiques, c'est le même schéma général. L'Ange arrive par la gauche, la Vierge est sous un portique, la partie gauche de l'image est occupée par le jardin clos — l'*hortus conclusus*, une prairie, des petites fleurs, une barrière et une sorte de forêt à l'arrière-plan — et toute la partie droite de l'image est occupée par le bâtiment de la Vierge — la *domuncula*, la « petite maison » —, la Vierge étant assise sur un trône dans un cas, sur un tabouret dans l'autre. L'Ange a franchi le portique, il est dans la première arcade, la Vierge est dans la deuxième. Entre les deux s'ouvre dans le mur du fond la porte menant à la chambre de Marie pour Cortone, à une cellule de couvent pour San Marco — puisqu'on est dans un couvent, cette chambre, qui est celle de Marie, prend l'aspect d'une cellule de moine dominicain. Le schéma est le même, la rencontre de l'Ange et de la Vierge dans un portique qui fait un angle, le portique s'enfonçant ensuite dans la profondeur vers une

ill. 15 et 16

sorte de corridor qui aboutit à un mur. À Cortone, tout suggère qu'on a affaire à un bâtiment carré, un cube, avec une façade comportant trois arcades, la colonne d'angle, puis la façade orientée vers nous avec deux arcades, la troisième étant coupée par le cadrage de l'image. Au milieu de la surface géométrique du panneau se trouve la porte donnant sur la chambre de Marie avec un rideau rouge, dont nous reparlerons peut-être ultérieurement. Voilà le schéma de *L'Annonciation* de Cortone. Quand on est à San Marco, le point de fuite s'est déplacé. À Cortone il était au bord exact du tableau et déterminait un horizon très intéressant, l'architecture fuyant légèrement sur la gauche. À San Marco au contraire, le point de fuite est revenu vers le centre de la fresque, et le portique situé sur la gauche du bâtiment vient vers le centre de la fresque. Sur la façade orientée face à nous, on voit les deux arcades, l'Ange et la Vierge sont au même endroit, mais Fra Angelico, curieusement, a cadré de telle sorte qu'on voit le départ d'une troisième arcade, ce qui était absolument invisible à Cortone. Avec le départ de cette troisième arcade, on ne sait donc plus où s'arrête le bâtiment, parce que l'impression est automatiquement que sur la droite commence un portique dont on ne sait pas où il s'arrêtera.

Ce qui est très intéressant, c'est qu'à San Marco, dans cette *Annonciation* située en haut de l'escalier qui accède au dortoir, au premier étage, dans une zone encore accessible aux laïcs, Fra Angelico a cadré différemment de ce qu'il avait fait à Cortone, et il a représenté le cadre en le peignant en gris. Il imite la pierre, le travertin gris. Ce cadre a lui-même un point de fuite, qui ne correspond pas à celui de la fresque. Dès qu'on commence à regarder cela d'un peu près, ça devient d'une complexité et d'une subtilité extrêmes, car si l'on remarque ce genre de choses, on constate aussi que le cadre peint en gris a la même couleur que le pilastre gris qui jouxte la fresque sur la gauche. On remarque alors que l'orientation double du corridor peint de *L'Annonciation*, l'un qui s'enfonce en profondeur sur la gauche, l'autre qui part sur la droite avec son début de troisième arcade, correspond exactement à la réalité des corridors de San Marco qui, à gauche du pilastre réel, s'enfoncent vers les cellules sur la gauche, tandis qu'à droite ils partent à la perpendiculaire, en direction du réfectoire. On se rend donc compte que Fra Angelico a conçu le cadrage et la représentation en fonction de la situation réelle de la fresque, de manière que le moine dominicain ou le laïc ayant droit à une cellule — je pense à nouveau à Côme l'Ancien qui avait sa cellule au couvent de San Marco —, passant devant cette *Annonciation* et disant l'*Ave Maria* comme le recommande la fresque sur laquelle est inscrit « N'oublie pas de dire l'*Ave Maria* quand tu passes devant cette fresque », entrerait dans un parcours déjà indiqué dans la fresque par le cadrage, à gauche pour aller dans sa cellule ou bien à droite vers le corridor. Le cadrage à San Marco est donc tout à fait essentiel par rapport à la situation quasiment géographique de la fresque dans le parcours du couvent.

Si je reviens à *L'Annonciation* de Cortone, c'est très différent puisque le cadrage fait que nous voyons rigoureusement trois arcades sur la gauche, fuyant latéralement vers un point de fuite situé au bord du tableau, et deux arcades de face. Si l'on fait attention, on comprend qu'il doit y en avoir une troisième parce que sur le mur il y a trois arcs aveugles inscrits, ce qui implique un bâtiment carré de trois arcs sur trois. Mais il n'y a aucune indication d'un corridor se développant vers la droite. Au contraire, c'est une œuvre close avec un bâtiment ayant trois arcades sur trois. Cela dit, ce que je vois d'abord, c'est deux arcades face à moi et trois sur le côté. J'imagine alors que le trône de la Vierge s'appuie contre le mur

peint. Il faut que je fasse le plan au sol, comme
en architecture, de ce bâtiment peint pour me
rendre compte qu'en fait le trône de la Vierge
n'est pas du tout appuyé contre le mur, mais se
trouve au milieu de ces trois arcades, dont l'une
est virtuelle. Pourquoi Fra Angelico a-t-il cadré
son bâtiment de manière à me faire croire qu'il a
deux arcades sur trois, en le construisant de telle
sorte que je puisse deviner qu'il en a trois sur
trois ? La question mérite réflexion, mais je pense
que la réponse n'est pas trop complexe parce que,
même si ce peintre était un dominicain et donc
grand spécialiste en théologie, je crois que ce
tableau destiné aux fidèles de Cortone ne pouvait
pas développer savamment des concepts théologiques, il devait les développer visuellement, donc
assez simplement. En fait, tel qu'il est cadré à
Cortone, ce bâtiment est celui où a lieu l'Annonciation, c'est-à-dire le moment où Gabriel vient
voir la Vierge Marie et lui dit qu'elle concevra le
fils de Dieu, et se conclut par l'Incarnation quand
la Vierge demande à l'Ange comment cela serait
possible puisqu'elle n'a pas connu d'homme. Il
lui dit : « Rien n'est impossible à Dieu qui est
tout Verbe. La vertu du Très Haut te couvrira de
son ombre… » La Vierge lui répond : « *Ecce ancilla
domini, fiat mihi secundum verbum tuum* » (« Je suis

la servante du Seigneur, qu'il me soit fait selon ton Verbe ») et, dans l'instant même, dès lors qu'elle l'accepte, l'Incarnation est faite.

Le *fiat mihi* de Marie répond en fait au *fiat lux* de la Genèse. C'est un moment théologiquement et émotivement absolument considérable. Ce bâtiment est le lieu de l'Annonciation, qui aboutit à l'instant mystérieux du *fiat mihi* de l'Incarnation. Et l'Incarnation, c'est le moment où se réalise la Trinité. Dieu a toujours été trois en un, Lui le sait, mais pour que ce soit le cas il faut que, historiquement, Il s'incarne. Je pense très sincèrement que c'est la raison profonde de ce cadrage singulier de Fra Angelico à Cortone, qui fait que le bâtiment a l'air d'être composé de deux arcs sur trois, alors qu'en fait il a toujours été de trois arcs sur trois. Mais l'Incarnation est ce moment où tout à coup se met en visibilité le « trois en un » qui est celui de l'incarnation de Dieu « trin », comme on disait.

Ce qui me fait penser cela, c'est qu'il y a deux autres choses à voir dans *L'Annonciation* de Cortone à travers ce cadrage. L'un de ces éléments est invisible de loin, et n'oublions pas que ces tableaux étaient faits pour être vus de loin ; nous avons vu qu'une colonne soutenant deux arcs sépare l'Ange et la Vierge, comme à San Marco.

À Cortone, leur dialogue est inscrit en lettres d'or. Celui de l'Ange va de gauche à droite. Celui de la Vierge, en revanche, est inscrit de droite à gauche et à l'envers, ce qui est absolument illisible. Non seulement ce n'est pas visible de loin, mais en plus il faudrait retourner le tableau pour pouvoir le lire. Elle répond : « *Ecce ancilla domini, fiat mihi secundum verbum tuum* », et je suis heureux d'avoir remarqué que dans cette formule archi-canonique, que tous les prêtres connaissent sinon tous les fidèles, on peut lire uniquement « *Ecce ancilla domini* » et « *verbum tuum* ». « *Fiat mihi secundum* » a disparu ! Ce *fiat* qui fait l'Incarnation a disparu. On pense d'abord qu'il est passé derrière la colonne, mais quand on regarde la salutation angélique, on voit qu'elle est complète, que la colonne n'interrompt rien. Ce n'est donc pas derrière la colonne qu'est le *fiat mihi secundum*, mais à l'intérieur d'elle ; la colonne est le *fiat mihi secundum*. Il n'y a pas de quoi être trop surpris puisque la colonne est un symbole traditionnel du Christ. Donc, non seulement il y a ce cadrage qui nous suggère le passage d'un bâtiment fait de deux arcs sur trois à trois arcs sur trois, toujours présent mais caché et qui se rend visible maintenant, mais le *fiat mihi secundum* devient un élément même de l'architecture. C'est

le corps de la Vierge, la Vierge comme temple,
comme lieu architectural où se réalise l'Incarnation, autre métaphore très connue de la Vierge
comme bâtiment.

Ce qui va encore dans ce sens, et l'on revient
ici au cadrage, c'est que celui-ci implique un
milieu géométrique du tableau, où se croisent les
diagonales. Dans cette *Annonciation* de Cortone,
alors que le point de fuite est latéral, le centre
géométrique du tableau est occupé par la porte
donnant sur la chambre de la Vierge, très obscure, où tout ce que je peux voir est l'angle d'un
lit et le baldaquin rouge du lit de Marie. Deux
choses peuvent être observées à ce propos. Premièrement, si l'on fait le plan au sol du lit par
rapport au bâtiment, on se rend compte que le lit
n'entre pas dans celui-ci. Il est insituable, au-delà
du mur de fond, donc il échappe à la règle de la
perspective. La perspective mesure le monde,
mais le mystère du corps de la Vierge échappe à
toute mesure. C'est le saint des saints, obscur. Je
ne vois donc que cet angle du lit qui me situe au-
delà de toute perspective, et le rideau rouge, au
centre géométrique de l'image, sur lequel vient
s'inscrire, parfaitement à plat, l'auréole de l'Ange
Gabriel. Et là se pose une autre question : pourquoi ce rouge au milieu du tableau avec l'auréole

d'or s'inscrivant dessus ? La Vierge vit après tout dans une petite maison très pauvre — et de ce point de vue *L'Annonciation* de San Marco est plus juste, où il n'y a qu'un tabouret et une petite cellule, alors pourquoi ce baldaquin rouge ? Le rouge, c'est évidemment la couleur du sang, et qu'apporte la Vierge à l'Incarnation ? Son sang. La femme donnait le sang, et l'homme la forme. Dieu donne l'*homunculus*, ce sera le petit Jésus, qui dans certaines Annonciations apparaît portant déjà sa croix. Je pense donc que ce rideau rouge au cœur géométrique du tableau, dans l'obscurité au-delà de toute mesure de la chambre de la Vierge, c'est le sang de la Vierge qui va donner matière au corps du Christ, à l'Incommensurable figuré par l'auréole d'or.

Qu'un peintre comme Fra Angelico soit à ce point attentif au cadrage et à la position réciproque de ce qui vient dans l'image — je pense à l'Ange Gabriel qui vient par la gauche dans le lieu figuratif de l'Annonciation — ne doit pas trop surprendre. Alberti le dit déjà, le quadrangle de la fenêtre est ce à partir de quoi, et non pas ce à travers quoi, on peut contempler — en latin, *contueatur* — l'*historia*, c'est-à-dire la composition de peinture. Ce mot « contempler » m'a toujours fasciné, il est d'une logique extrême, car dans contempler il y a « temple ». Et le *templum* que l'on contemplait, c'était le carré ou le rectangle que les aruspices romains dessinaient avec leur bâton dans le ciel pour attendre d'y voir comment y passeraient les aigles. Et selon la direction, le nombre d'aigles, leur vitesse, l'aruspice pouvait faire telle ou telle interprétation de ce qui était dit par ces signes. Cette notion de délimitation d'une zone, au départ dans le ciel, ensuite au sol comme *templum*, lieu du sacré, puis dans la peinture comme le quadrangle albertien déterminant le *templum* de la peinture où l'on va contempler la composition, est donc autre chose que le réel, je pense qu'elle était parfaitement consciente chez les gens du xve siècle, comme le montrent les mots d'Alberti et la pratique de Fra Angelico. La peinture pour eux n'est pas un double du réel, il n'y a pas de réalisme au xve siècle mais la création d'un *templum* où contempler la composition et ce que dit et pense la peinture.

7

Un archange auto-stoppeur

Pourquoi évoquer systématiquement la perspective à travers l'Annonciation ? Pourquoi associer Annonciation et perspective ? Pour deux raisons. C'est d'abord la quantité d'Annonciations qui sont peintes au xvᵉ siècle, et en particulier au moment même où se définit la perspective en peinture. J'ai dit plus haut qu'une des toutes premières œuvres en perspective était une Annonciation ; ce n'est pas un hasard. La perspective construit une image du monde commensurable à l'homme et mesurable par l'homme, tandis que l'Annonciation, de son côté, est l'instant où l'infini vient dans le fini, l'incommensurable dans la mesure, comme le disait le prédicateur franciscain saint Bernardin de Sienne. L'Annonciation est donc un thème privilégié pour confronter la perspective à ses limites et à ses possibilités de représentation, et certains peintres et certains milieux intellectuels ne s'en sont pas privés au xvᵉ siècle. En effet, l'Annonciation n'est pas seulement l'histoire visible de l'Ange allant saluer Marie, c'est aussi, lové dans cette histoire visible, le mystère fondateur de la religion chrétienne qu'est l'Incarnation. Il n'y a que deux mystères dans la religion chrétienne : l'Incarnation et la Résurrection. L'Annonciation est donc au fondement de la foi chrétienne, parce que avec l'Incarnation on passe de l'ère de la Loi, qui est celle de Moïse avec l'Ancien Testament, à l'ère de la Grâce, qui est celle de Jésus dont la mort permettra de racheter la Loi, qui avait enregistré le Péché et les Commandements. La Loi demeure valide, mais la Grâce vient s'y superposer, comme le montrent très bien les fresques latérales de la chapelle Sixtine mettant en parallèle Moïse et le Christ.

Le fait est que certains peintres étaient conscients de la valeur fondatrice de ce moment où l'incommensurable vient dans la mesure, le fini dans l'infini, le Créateur dans la créature, l'infigurable dans la figure, l'inénarrable dans le discours — je peux continuer, saint Bernardin a écrit une page entière de ces oxymores ! Un moment d'articulation décisive de l'histoire spirituelle et du destin de l'Humanité. Un peintre, en particulier, en a eu parfaitement conscience, c'est Ambrogio Loren-
ill. 12 zetti, un de mes peintres favoris, et son *Annonciation*, que nous avons déjà évoquée, si elle n'est pas

exactement la première perspective, montre du moins que la perspective travaille dans l'Annonciation.

Comment puis-je dire qu'Ambrogio Lorenzetti nous indique que nous passons de l'ère de la Loi à celle de la Grâce ? Pour une raison très simple. Si nous regardons les figures de Lorenzetti, on remarquera au moins deux choses. Premièrement, l'Archange Gabriel ne s'adresse pas à la Vierge en la montrant de l'index ou en montrant le ciel de l'index. Il a plutôt un geste d'auto-stoppeur : il indique la direction située derrière lui avec son pouce, geste unique dans toutes les Annonciations. Autre détail très étrange des figures de cette *Annonciation*, la Vierge, qui est en train de répondre : « *Ecce ancilla Domini…* », regardant vers le haut du tableau d'où descend la colombe, cette Vierge, massive, a une splendide boucle d'oreille. Voilà un détail surprenant, aberrant, car la Vierge est humble, pauvre, et les bijoux ne sont pas recommandés à une jeune fille vierge, et encore moins à la Vierge elle-même. Une historienne américaine a fini par comprendre pourquoi Ambrogio Lorenzetti, « peintre savant dans la théorie de son art », comme le disait Ghiberti, a mis cette boucle d'oreille à la Vierge. Cette historienne a lu que toute une série de décrets de loi dans les villes tos-

canes et en particulier à Sienne, faisaient obli-
gation aux femmes juives de porter des boucles
d'oreilles quand elles sortaient de chez elles de
manière qu'on les reconnaisse. Ce n'était pas encore
l'étoile jaune, mais il y avait déjà ce besoin de les
identifier. La répétition même de ces lois montre
que les femmes juives ne voulaient pas le faire.
Donc, quand Ambrogio Lorenzetti, *doctus pictor*,
met une boucle d'oreille à la Vierge, il indique
qu'elle est juive. Magnifique rappel ! Effectivement la Vierge est juive, elle n'est pas née à
Naples, non, elle vient de la Maison de David, du
peuple déicide. Ce n'est pas du tout pour l'accuser
de déicide puisqu'elle va donner naissance au Dieu
fait homme, c'est simplement parce que c'est dans
cet instant précis que nous passons de l'ère sous la
Loi, mosaïque, concernant le peuple juif, à l'ère
sous la Grâce, qui fait que la Vierge devra aller
présenter Jésus au temple : elle respectera la Loi.
Et il n'est pas anodin que cette conscience historique très précise, manifestée par cette boucle
d'oreille, soit liée à la perspective du pavement du
sol et confirmée par la salutation angélique — non
pas la première, « Je vous salue Marie », mais la
troisième réponse, « Parce que rien n'est impossible à Dieu qui est tout Verbe ».

On peut donc dire que l'Annonciation, par son

caractère fondateur pour les chrétiens, est au cœur de multiples questions, aussi bien théologiques que picturales ou théoriques du XIVe siècle. Un autre exemple : l'*Annonciation* de Simone Martini, conservée à la Pinacothèque de Sienne, mais qui était au XIVe siècle dans la cathédrale de Sienne. C'est une très belle Annonciation, de style gothique international du début du XIVe siècle qui dénie absolument toute perspective. Elle a été magnifiquement utilisée par saint Bernardin de Sienne, qui la connaissait bien, dans une prédication qu'il tient sur la Piazza del Campo, à Sienne, en 1425 ou 1427, et dans laquelle il dit à peu près ceci : « Vous avez en mémoire cette *Annonciation* située au troisième autel à droite dans la cathédrale, vous vous rappelez la réaction de cette jeune fille par rapport à l'homme qui s'adresse à elle : elle ne le regarde pas, elle a peur de lui, elle s'inquiète. Faites pareil, jeunes filles ! » Car l'Annonciation peut aussi être un modèle de modestie et de pureté pour les jeunes filles.

Par ailleurs, l'Annonciation concerne tout Toscan, tout Florentin en particulier dans la mesure où, à l'époque, c'est le jour qui commence l'année. Ce ne sera le 1er janvier que bien plus tard. À l'époque dont nous parlons, l'année commence le 25 mars, jour de l'Annonciation. On ne peut

donc pas séparer, lorsqu'on parle de l'Annonciation, les questions théologiques des questions historiques, celles de la représentation de l'espace
et celles de la représentation du temps, car c'est
à la fois un espace en fait incompréhensible
— comment l'immensité peut-elle venir dans
la mesure ? — et un temps totalement nouveau
puisque c'est l'ère chrétienne elle-même qui
commence.

Il y a aussi les raisons liturgiques pour lesquelles l'Annonciation est tout à fait importante,
car le 25 mars, extraordinaire condensation du
temps, est aussi entre autres le jour de la mort
d'Adam. Et pour cause : quand l'Archange Gabriel
s'adresse à la Vierge, en latin bien sûr, il lui dit
Ave Maria, et « Ave » renversé donne « Eva », ce
qui signifie que Marie renverse Ève et que c'est
par Marie que nous serons sauvés du péché commis par ce pauvre Adam à l'instigation d'Ève. Ce
qui ouvrirait un champ d'investigation considérable, car pour que Marie puisse nous sauver de la
malédiction d'Ève il fallait qu'elle soit fertile, et
cela pose de vastes questions, la fertilité étant liée
aux règles et les règles étant la marque du péché.
L'Annonciation vient donc mettre un terme à la
malédiction qui pesait sur l'Humanité depuis le
Péché et depuis la Chute. Voilà pourquoi, dans

un certain nombre d'Annonciations, vous avez ou bien figurée sous forme de sculptures, de bas-reliefs, ou bien même présente dans l'image, la représentation de la Chute. Par exemple, chez Fra ill. 15 Angelico, à Cortone, de même que la colombe descend vers Marie, dans un mouvement absolument parallèle à gauche de l'image, vous avez Adam et Ève chassés du Paradis vers un monde désertique et infertile qu'il va falloir rendre fertile. Cette présence d'Adam et Ève au moment de la Chute en même temps que l'Annonciation est chez Fra Angelico dans la perspective de l'Annonciation, puisque à Cortone la perspective mène au bord du tableau, et ils sont représentés au-dessus de ce bord. Cette coïncidence, cette mise ensemble des deux « événements », n'est évidemment pas à lire comme une absurdité ou une erreur de conception ou encore une naïveté. Ici, l'image n'est pas à lire comme un espace réel, une représentation du monde, mais bien comme une représentation théologique où la perspective est ce qui permet de construire un bâtiment représentant le corps mystérieux de Marie, et par ailleurs de rappeler que la colombe du Saint-Esprit descend sur Marie pour racheter cette première descente qu'était la chute d'Adam et Ève.

On a beaucoup d'Annonciations où ce thème

est évoqué soit directement par la présence d'Adam et Ève chassés du Paradis, soit sous forme d'équivalents. Un des cas qui me paraissent les plus intéressants, pour l'historien de l'art que je suis et les questions qu'il pose, c'est l'*Annonciation* attribuée à Fra Angelico conservée au Prado à Madrid. C'est une variation sur le schéma de Cortone et de San Marco, où l'on voit Adam et Ève chassés du Paradis. Mais à Madrid, Adam et Ève se comportent très mal. Alors que dans un premier temps ils sont au fond du tableau chassés par l'Archange et descendant dans un monde désertique qu'il va falloir travailler à la sueur de leur front, ils sont entrés dans le jardin clos de la Vierge et ils vont marcher sur les roses de Marie. Le concept devient ici très étrange, car en plus ils sortent du tableau au lieu d'entrer comme la colombe, et vont marcher sur les fleurs du jardin pur de la Vierge. Il y a une incohérence théologique dans la représentation qui fait que, même si le tableau est magnifique, très certainement contemporain des tableaux de Fra Angelico, je pense qu'on doit dire qu'il ne peut pas être de lui, car cette incohérence théologique consistant à faire entrer Adam et Ève dans le jardin clos de la Vierge pour écraser ses roses montre qu'un disciple de Fra Angelico ou un admirateur — il semblerait en fait que ce soit son

ill. 17

ami Machiavelli — a vu les *Annonciations* de Fra
Angelico mais qu'elles ne lui ont pas été expli-
quées. Ce peintre a trouvé l'idée d'Adam et Ève
intéressante, l'a mise au premier plan, mais en
même temps il a détruit la cohérence théologique.
Cela n'a aucun sens, donc ce n'est pas un tableau
de Fra Angelico. Pour qu'un tableau mérite d'être
attribué à un peintre aussi cohérent, rigoureux,
profond, médité que Fra Angelico, il faut qu'il ne
comporte pas d'absurdité théologique.

Il faut tout de même préciser que le thème de
l'*hortus conclusus*, le jardin clos, est central dans
l'Annonciation, puisqu'il est à l'image de Marie,
fermé. C'est la raison pour laquelle chez Fra Angelico, comme chez d'autres peintres, le jardin clos
par une palissade, une clôture simple, ou un mur
crénelé (comme chez Domenico Veneziano qui ill. 13
figure une véritable place forte) n'est pas un élément décoratif — quoiqu'il puisse le devenir. Fra
Angelico, par exemple, peint les fleurs à la manière
d'une tapisserie aux mille fleurs, c'est-à-dire d'une
manière splendidement gothique. Mais c'est avant
tout un concept théologique très fort qui est la
nature absolument virginale du corps de Marie.
C'est la figure du corps de Marie, qui est tout
pour les chrétiens : à la fois le mont Sinaï, le jardin clos, la terre qu'on laboure — ce qui est

étonnant car qui « laboure » la terre de Marie ? —,
la montagne d'où naît une pierre non taillée de
main d'homme, le port, le pont, la porte, elle est
tout. Le jardin clos est donc la figure de ce corps
pur et fertile, et qui reste pur dans sa fertilité
même. C'est un problème, puisque pour être fertile une femme ne peut plus être pure, et Marie
est justement la seule entre toutes les femmes
à être fertile tout en étant pure. Donc, l'idée
qu'Adam et Ève puissent venir fouler de leurs
pieds « peccateurs » le jardin clos de la Vierge est
une aberration théologique que jamais Fra Angelico n'aurait commise.

Pour finir sur le sujet des Annonciations,
je voudrais revenir très rapidement sur le geste
d'auto-stoppeur de l'Ange Gabriel chez Ambrogio Lorenzetti. Il est tourné vers la Vierge, de
profil, il tient une palme dans la main gauche et
de la main droite il fait de l'auto-stop, c'est-à-
dire que son pouce indique une direction derrière
lui. Bien sûr, l'auto-stop n'existait pas à l'époque,
mais le geste n'est pas attesté comme étant celui
fait sur les chemins pour arrêter un char. Il a
donc un autre sens que celui d'un problème de
transport gratuit, mais il s'agit quand même bien
d'un problème de transport gratuit puisque, finalement, c'est bien la Vierge qui va transporter

gratuitement le corps de Dieu. Je ne dis pas que toute personne prenant une auto-stoppeuse s'apprête à ce genre de mystère, mais il y a un problème intéressant ! Soyons sérieux : ce geste a en réalité un sens extrêmement précis. Si l'on prend l'ensemble de l'œuvre d'Ambrogio Lorenzetti, on constate que c'est un geste qu'il attribue (il en a l'idée avec son frère Pietro) à la « demande charitable ». C'est le geste que fait toute personne intervenant auprès d'une tierce personne, la Vierge en général, pour lui demander charité à l'égard de la personne qu'elle représente. On le voit dans la *Maestà* à San Galgano, chez Pietro Lorenzetti dans la Basilique inférieure d'Assise où saint François demande charité pour les donateurs à la Vierge à l'Enfant. Que vient donc faire ce geste de charité de la part de Gabriel à Marie ? Eh bien, c'est extrêmement simple : Dieu demande charité à Marie. Il faut que Marie dise oui pour que l'Incarnation puisse se faire, et la charité ce n'est pas seulement les bonnes œuvres, c'est la grande vertu chrétienne de la *caritas*. Je crois d'ailleurs que saint Bernard dit que, de toutes les vertus de Marie, la plus grande était la *caritas*, c'est-à-dire l'amour. Gabriel demande, au nom de Dieu dont il est le représentant, *caritas* à Marie. Mais ce geste était tellement singulier dans une Annon·

ciation qu'à ma connaissance il n'a jamais été repris. Personne n'a compris ce geste, jusqu'au moment où l'on peut avoir une approche d'historien de l'art, qui dit que ce geste est aberrant, qu'il faut donc regarder l'ensemble de l'œuvre de Lorenzetti pour le comprendre. Mais ce n'est pas comme cela qu'on regardait un tableau au XIVᵉ siècle. Ce geste, absolument génial en tant qu'idée, était trop singulier pour avoir une postérité dans l'histoire de l'art. Je trouve que c'est ce qui fait aussi aujourd'hui tout son charme, toute sa beauté à Sienne.

8

Secrets de peintres

Je reviens encore sur *L'Annonciation* de Fra ill. 15
Angelico à Cortone. J'avais évoqué le rideau rouge
au centre géométrique du tableau, sur lequel vient
s'inscrire à plat l'auréole d'or ciselée de Gabriel
comme figure de l'Infini puisque l'or, et l'auréole
d'or en particulier, est la figure de l'infigurable
qui est la divinité elle-même. Le rouge est une
figure du sang de la Vierge qui donne la matière,
Dieu donnant la forme, selon la théorie aristoté-
licienne de la procréation. L'homme, son sperme,
donne la forme, et la femme donne la matière
et la matrice, opinion extrêmement répandue et
absolument partagée par tout le xv siècle. Encore
au xix siècle, les gens pensaient que c'était le
sang de la femme qui portait sa fertilité et que,
pour qu'une femme tombe enceinte, il fallait
qu'elle soit fertilisée pendant ses règles. Cela
explique évidemment les difficultés de population dans certaines régions ! Passons sur ce point

et revenons à la Vierge et la question du sang de la Vierge, qui ne vient pas d'une curiosité déplacée de ma part, elle a été un des grands débats de la fin du Moyen Âge, les franciscains et dominicains étant radicalement opposés sur le sujet. La problématique, la voici : pour qu'une femme soit fertile, il faut qu'elle ait des règles, mais une femme réglée porte la trace du péché, puisque les règles et la fertilité d'Ève sont la conséquence du péché — d'ailleurs, en anglais les menstrues se disent « *the curse of Eve* » ou plus simplement « *the curse* », la malédiction. Mais si la Vierge est fertile, c'est qu'elle a ses règles, donc qu'elle est impure. Or, elle a été choisie entre toutes les femmes à cause de sa pureté, et la naissance du Christ, son fils Jésus, est un mystère, non un miracle puisqu'il est entièrement homme et entièrement Dieu, donc entièrement homme pur, sans faute. Mais si Marie est entièrement pure, elle n'a pas à avoir de règles, celles-ci étant la marque de l'impureté, cependant si elle n'a pas de règles elle n'est pas fertile... Un spécialiste américain du nom de Jonathan Wood a longuement étudié ce débat, et a constaté que celui-ci avait été très virulent et avait abouti à une solution extrêmement simple, qui est celle de l'Immaculée Conception : non pas que Jésus ait été conçu immaculé, mais il se trouve que, mystérieusement, la Vierge a été conçue immaculée. Elle était la seule entre toutes les femmes à avoir été conçue immaculée. Je crois que c'est la théorie des franciscains, tandis que les dominicains étaient contre. Le problème n'a été résolu qu'au XIXe siècle par le concile de Vatican I, qui a décidé que l'Immaculée Conception était un dogme, et un dogme ne se discute pas. Aujourd'hui, ce problème n'a plus aucune importance et nous paraît presque anecdotique à nous qui sommes devenus très rationnels, mais il a été beaucoup discuté en son temps, car la possibilité même qu'une femme ait pu enfanter Dieu était un débat théologique absolument central.

La question de cette femme humaine qu'est la Vierge est effleurée par Fra Angelico, en toute normalité dominicaine, à travers ce rideau rouge, mais dans d'autres cas on peut aboutir à des œuvres plus bizarres, où la féminité de la Vierge est abordée de façon singulière. Je pense à un tableau que j'aime beaucoup, l'*Annonciation* de Fra Filippo Lippi qui était, je crois, camaldule. C'est un des grands inventeurs dans les années 1440-1460 de la Renaissance à Florence, l'un des peintres préférés de Côme l'Ancien. Une de ses *Annonciations*, conservée aujourd'hui à la National Gallery de Londres, comporte un détail très étrange que je n'arrive toujours pas vraiment à interpréter, car je ne suis pas sûr de ce que ce détail pouvait signifier pour celui qui l'a peint. Cette *Annonciation* était un dessus de porte, situé dans un palais. Si vous avez visité Florence, vous pouvez imaginer la hauteur des portes et la distance par rapport à ce tableau, qui n'est pas très grand, avec une forme arrondie sur le dessus. Il doit mesurer entre 1,40 m et 1,60 m de largeur, en format plutôt étendu, avec le dessus cintré. La Vierge est comme d'habitude à droite et l'Ange à gauche, dans une sorte de cour, et entre eux une porte qui s'ouvre avec un escalier qui tourne, dont je ne dirai rien. La colombe semble être passée par là, elle a toute une série d'auréoles en mouvement qui rapetissent au fur et à mesure qu'elle vient vers Marie. On sent donc que les auréoles rapetissent près de la surface, ce qui est bizarre puisqu'en perspective cela devrait être le contraire : ce qui est plus loin est plus petit, ce qui est plus près est plus grand. Là, c'est exactement le contraire, ce qui veut dire que cette série d'auréoles montre le mouvement de la colombe, un peu comme un nuage de poussière déclenché par un cheval qui court, et qui est plus épais au loin que près de lui. C'est une magnifique idée de Filippo Lippi pour représenter le mouvement, par le nuage d'auréoles qui grandit au fur et à mesure que s'en éloigne la colombe dans son mouvement. Cette colombe s'est manifestement arrêtée, fixée face à Marie, et de son bec entrouvert jaillissent des rayons d'or dont un va très précisément frapper le ventre de Marie, qui a d'ailleurs le regard baissé dans cette direction. Et dans les plis de sa robe, lieu sacro-saint par excellence, il y a un trou, ou disons une boutonnière. Le peintre a peint une minuscule boutonnière à l'intérieur des plis de la robe de Marie, et c'est par cette boutonnière que le rayon d'or vient frapper son corps, donc son ventre.

Je dois avouer que ce n'est pas moi qui ai vu ce détail, c'est un collègue américain, Samuel Edgerton Junior. Il a fait un bel article à ce sujet, très savant et passionnant, dans lequel il montre que cette boutonnière et ce système de rayons d'or, avec un rayon allant taper perpendiculairement le ventre sphérique de Marie, correspond à une théorie de l'optique médiévale selon laquelle le rayon central du regard est celui qui tape perpendiculairement la surface de l'objet qu'il rencontre, cette théorie de l'optique étant une métaphore de la Grâce divine. C'est un très bel article, sur la théorie de la Grâce divine qui frappe perpendiculairement la terre à Jérusalem, et au fur et à mesure qu'on s'éloigne de Jérusalem la Grâce diminue parce qu'on s'éloigne du point d'impact direct vertical de Dieu, mais malgré sa beauté, cet article n'est pas très convaincant. S'il était normal de peindre un rayon d'or venant frapper perpendiculairement la robe de Marie, et qu'il y ait une boutonnière pour laisser passer ce rayon, on en aurait d'autres exemples. Or, non seulement il n'y a pas un seul autre exemple, mais rappelez-vous, le tableau est au-dessus d'une porte et donc personne ne pouvait voir ce détail. On ne peut le voir qu'aujourd'hui, parce qu'il est à la National Gallery de Londres, mais à l'époque, au xvᵉ siècle, il était hors de question que qui que ce soit puisse voir cette boutonnière qui est en fait dissimulée dans les plis de la robe. J'avais pour ma part fait une autre hypothèse, avant de lire cet article, et que celui-ci n'a pas anéantie. Je pense que cette boutonnière a été peinte pour ne pas être vue, ou n'a pas été peinte pour être vue, ce qui revient à peu près au même.

C'est un secret du peintre dans son tableau, un élément intime de la peinture où le peintre peint sa relation intime à ce qu'il est en train de représenter. Or que représente-t-il ? La Vierge Marie, qui est un personnage important de la mythologie et de l'imaginaire chrétiens, surtout à l'époque.

Fra Filippo Lippi était un camaldule qui, on le sait, a finalement quitté les ordres parce que, à force de prendre comme modèle une certaine religieuse de Prato pour peindre la Vierge, Lucrezia Butti, il l'a enlevée avec sa sœur et a vécu avec elle à Prato, tout en continuant à l'utiliser pour peindre Marie. Il a été exigé que la sœur revienne au couvent, elle y est revenue, en est repartie, et finalement la situation a été admise. Fra Filippo Lippi n'a pas été excommunié, car c'était quand même un très grand peintre religieux, il a seulement dû quitter l'ordre camaldule. Lucrezia et lui ont donné naissance à un très bel enfant, Filippino Lippi, l'un des plus grands peintres de la fin du xve siècle florentin. Bien sûr c'est de l'anecdote, mais comment expliquer cette boutonnière invisible dans la robe de Marie si l'on sait que Filippo Lippi a finalement enlevé la religieuse qui lui servait de modèle pour peindre la Vierge ? À ce moment-là, ce n'est plus seulement de l'anecdote, cela nous montre qu'il peut y avoir dans ces tableaux des enjeux théologiques et théoriques considérables, mais aussi des hommes qui peignent avec leur désir. C'est Giorgio Vasari qui, parlant de Filippo Lippi, dit qu'il avait une nature vénéréenne, c'est-à-dire vénusienne — c'est un enfant de Vénus —, et qu'il aimait beaucoup les femmes qu'il voyait dans la rue, mais comme il n'avait pas assez d'argent pour les séduire, il rentrait les peindre dans son atelier : la Vierge Marie comme lieu du désir projeté du peintre Fra Filippo Lippi. Cela me paraît une explication au mystère de la boutonnière plus amusante que celle de l'optique médiévale, et tout aussi vraisemblable sinon plus, parce que le cas est exceptionnel.

Ou bien on trouve l'explication de l'exception et l'on comprend pourquoi elle reste exception-nelle, tel le cas du pouce auto-stoppeur de l'ange d'Ambrogio Lorenzetti, ou bien on doit dire qu'il y a là un secret du peintre. D'autant plus que le pouce d'Ambrogio Lorenzetti est, lui, clairement visible, tandis que la boutonnière est invisible, il y a donc bien du secret. Ce sont seulement les conditions contemporaines, modernes, d'ac-crochage des tableaux, de regard des photogra-phies, qui font que nous voyons des choses qui ne sont pas faites pour être vues, et qui sont l'inti-mité de l'artiste dans son œuvre. C'est aussi un des domaines de l'histoire de l'art que devrait explorer, je crois, l'histoire de la peinture main-tenant qu'elle en a les moyens. Aux XVIIe et XVIIIe siècles, on ne pouvait pas voir les tableaux comme on les voit aujourd'hui, et vous pensez bien que Fra Filippo Lippi n'aurait jamais imaginé que son dessus de porte serait accroché sur une cimaise de musée avec des projecteurs et de la macrophotographie. Il a peint ça dans une idée de secret, ne pouvant pas imaginer qu'on verrait un jour sa boutonnière, et pour l'interpréter je crois qu'il faut faire l'hypothèse du secret. Et ce n'est qu'un cas parmi d'autres. Les conditions actuelles de vision nous permettent d'espérer une histoire de la peinture qui serait une histoire de l'intimité des peintres ou des commanditaires dans la peinture. Je dois dire que chaque fois qu'une œuvre — que ce soit un tableau, une fresque, un dessin — permet ce genre d'aperçu sur l'intime, c'est tout à fait bouleversant. Je pense à Antonello de Messine, peintre du sud de l'Italie qui arrive à Venise à la fin du xve siècle, vers 1475, en apportant la technique flamande de l'huile. C'est un peintre dont l'intimité se marque dans ses tableaux de façon tout à fait extraordinaire…

Un autre cas d'Annonciation et d'intervention singulière du peintre dans le traitement du thème, où la particularité est cette fois parfaitement visible, c'est l'*Annonciation* d'un peintre ferrarrais, ill. 19 Francesco del Cossa, peinte vers 1469-1470 et conservée au musée de Dresde. Cette *Annonciation* est une démonstration de savoir-faire perspectif, divisée en deux dans le sens de la hauteur par une

magnifique colonne centrale supportant des archi-
traves. Sur la partie droite, la perspective s'enfonce vers la chambre de Marie, la Vierge étant
devant cette chambre, et sur la partie gauche,
où se trouve l'Ange au premier plan, la perspective s'enfonce vers une ville avec des palais, un
chien qui passe... Une véritable démonstration
de savoir-faire perspectif, assez exceptionnelle à
cette date-là, d'un peintre exceptionnel, d'une
école exceptionnelle, puisque c'est celle de Ferrare, l'une des plus bizarres de la peinture dans la
deuxième moitié du xve siècle. Ce schéma d'ensemble est déjà très intéressant, mais il y a plus
intéressant encore lorsqu'on remarque que, alors
que l'Ange et la Vierge sont habituellement face
à face et parallèles au plan du tableau, l'Ange est
ici au premier plan et la Vierge légèrement dans
l'arrière-plan : ils sont obliques, ce qui est très rare
au xve siècle. Le parallélisme entre l'axe d'énoncé,
aurait dit Louis Marin, de l'Annonciation, l'Ange
saluant la Vierge, et le plan du tableau, est une
donnée presque obligatoire des Annonciations au
xve siècle. C'est un des cas extrêmement rares où
l'Ange est au premier plan, la Vierge à l'arrière-
plan. Étonnant ! Quelle invention de la part de
Francesco del Cossa ! D'autant plus que, lorsqu'on
fait le plan au sol de cette *Annonciation*, on constate

que la colonne se trouve entre les deux, et que l'Ange regarde donc non pas la Vierge mais la colonne. Ce n'est pas gênant : puisque Dieu voit à travers les montagnes, l'Ange peut bien voir à travers une colonne, surtout que la colonne est l'image du Christ… C'est très brillant, d'autant plus brillant que c'est caché. On ne le voit pas d'abord, il faut faire le plan au sol pour se rendre compte qu'il y a quelque chose de caché.

Cela dit, quand on se met à regarder ce tableau tel qu'on peut le faire aujourd'hui, on constate au premier plan à droite, à peu près sous la Vierge, une chose très étonnante : un escargot, énorme, qui a les cornes bien déployées. À ma connaissance, c'est le seul escargot représenté dans une Annonciation du xve siècle. Je me suis longtemps demandé ce qu'il pouvait bien faire là, et j'ai fait un raisonnement géométrique, ce qui n'est jamais bon : on a l'Ange, la colonne, la Vierge, et la main de l'Ange qui visuellement touche la colonne. Si je prends la ligne de l'escargot et de la main de l'ange, qu'est-ce que j'obtiens au bout ? Il y aurait donc deux axes : Ange/main de l'ange/ colonne/Vierge et escargot/main de l'Ange/quoi ? Dieu ? Oui, j'obtiens Dieu, c'est exactement dans l'alignement. J'ai remarqué à ce moment-là que la forme de Dieu dans le ciel tout au fond et sa dimension étaient équivalentes à celles de l'escargot au premier plan. Ça a évidemment été une surprise, je ne m'y attendais absolument pas, et je me suis demandé alors pourquoi l'escargot serait une figure de Dieu. Anomalie là encore, comment peut-on croire que l'escargot est une figure de Dieu, c'est inimaginable. Umberto Eco, chez qui j'ai fait un séminaire sur ce point, m'a dit que c'était au contraire une pensée tout à fait normale au Moyen Âge. L'un des grands problèmes du Moyen Âge c'est de savoir pourquoi Dieu a attendu aussi longtemps entre la Chute et l'Incarnation, pourquoi est-il allé aussi lentement, lui qui savait que l'Incarnation aurait lieu un jour, pourquoi a-t-il fait l'escargot ? Donc, Eco m'a dit qu'un texte existait sûrement à ce sujet et que s'il n'existait pas il se chargerait de l'écrire ! J'admirais beaucoup Umberto Eco, mais en tant qu'historien j'avais besoin de quelque chose de plus solide sur quoi m'appuyer, et c'est à nouveau la perspective qui a répondu à ma question.

L'escargot est non seulement au premier plan, mais en plus il est absolument énorme. Il a pratiquement la même taille que le pied de l'Ange. Un pied d'ange, comme je le dis souvent, je n'en ai jamais vu, mais je peux imaginer qu'il a une taille de pied humain (puisqu'il est dans le monde

humain) entre vingt-cinq et trente centimètres
de long. Cela donnerait un escargot de dix-huit
centimètres de long : un monstre ! Pourquoi le
peintre a-t-il peint un escargot monstre au pied
de la Vierge ? C'est très choquant. Jusqu'au jour
où j'ai compris que l'escargot n'était simplement
pas dans le tableau mais sur le tableau, c'est-à-
dire peint sur le bord du tableau et non dans le
palais de la Vierge, ce qui serait presque choquant car un escargot laisse de la bave derrière
soi. L'escargot est aussi un symbole de la Résurrection. Il est par ailleurs un symbole de la Vierge
— c'est une Anglaise qui l'a trouvé —, car à
l'époque on croyait que les escargots étaient ferti-
lisés par la rosée qui tombait du ciel le matin, de
même que la Vierge est fertilisée par la rosée
du ciel, cela fait de l'escargot une figure dissemblable de Marie, et autorise sa présence. Mais son
énormité d'escargot n'est pas prévue par l'iconographie. Je me suis alors aperçu que dans l'échelle
réelle, l'escargot avait une dimension tout à fait
normale, c'est un bon escargot de Bourgogne posé,
peint non pas dans le tableau mais sur son bord.
Cela signifie que cet escargot, Francesco del Cossa
l'a peint dans notre monde, non pas dans celui
de la peinture mais dans le nôtre, et que dans ce
monde l'escargot est le moyen d'entrer dans le

tableau. Francesco del Cossa veut nous dire : « De même que dans notre monde à nous l'escargot est une figure dissemblable de la Vierge, de même ce tableau est une figure dissemblable de l'Annonciation. » Le tableau ne représente pas la vérité de l'Annonciation, il n'est qu'une représentation de l'Annonciation. De la part d'un peintre ultra-sophistiqué comme Francesco del Cossa, ce détail aberrant est une très haute conscience de ce qu'est peindre au XVe siècle une scène remontant à mille cinq cents ans de distance. Je crois que la conscience du non-réalisme de la peinture est clairement indiquée par Francesco del Cossa avec cet escargot, qui a une explication toute simple.

9

La règle du jeu

Ce qui caractérise et distingue la perspective
à l'italienne de la perspective flamande, les Flamands étant eux aussi excellents dans ce domaine
au xve siècle, c'est que ces derniers n'établissent
pas de règles mathématiques. En revanche, ce que
prétend faire Alberti en théorisant ce qui avait
été pratiqué une quinzaine d'années auparavant
par Brunelleschi, Donatello, Masaccio, c'est fonder la perspective en théorie mathématique, donc
en vérité, à la fois sur l'observation de la nature et
sur les mathématiques. En ce sens, Alberti est
absolument un homme du xve siècle, un contemporain de Nicolas de Cues pour lequel la mathématique est la voie d'accès à la vérité divine ;
même si on ne l'atteint jamais, seule la mathématique donne une certitude, bien que relative, à
la connaissance humaine. C'est ce qui fait l'intérêt spécifique de la perspective italienne. Mais
l'artiste joue de ces règles.

Quelles sont les règles avec lesquelles on peut
jouer ? Les trois points qui font la perspective et
que l'on a déjà évoqués : le cadrage, le point de
fuite et le point de distance. Je prendrai un seul
exemple : le point de fuite. On parle souvent de
la perspective centrale à propos d'Alberti. On
oublie que lorsqu'il parle de rayon central, il
s'agit du rayon de l'œil et non du centre du panneau, et il dit : « Je place un point dans ce quadrangle là où je veux. » Il peut le mettre où
il veut, en haut, au centre, en bas, à gauche, à
droite, pourvu, dit-il, que ce soit à l'intérieur du
tableau. Mais on peut très bien décider de mettre
le point de fuite à l'extérieur ou au bord du
ill. 15 tableau. On a évoqué *L'Annonciation* de Cortone
de Fra Angelico, où le point de fuite est au bord
et non dans le tableau. On peut donc placer le
point de fuite où l'on veut, et on a très vite des
exemples de cette liberté avec Domenico Veneziano, le maître de Piero della Francesca. On a
évoqué sa petite *Annonciation* avec cette porte de
ville « anormale », qui donnait figure à l'Incarnation. Ce tableau est situé sous le panneau central
ill. 20 du retable de sainte Lucie, avec une *Sainte Conversation*, c'est-à-dire la Vierge entourée de saints.
La perspective est magistrale dans cette *Sainte
Conversation*, et le point de fuite est bas, non situé
à la hauteur des yeux des personnages, comme le

recommande Alberti, mais exactement dans l'entrejambe de la Vierge. Un certain historien, John Moffitt, en a tiré des conclusions psychanalytiques sur Domenico Veneziano ou le sens de sa *Sainte Conversation*... Je crois que c'est non pas de la surinterprétation mais de l'interprétation proprement anachronique, amusante, très intelligente, brillante, mais vraiment non fondée en histoire. En revanche, on peut être certain que Domenico Veneziano, en abaissant le point de fuite qui n'est pas visible puisqu'il est dans du tissu, obtient un effet immédiat qui est un effet rhétorique, à savoir que l'architecture peinte, très imposante, se rabaisse elle-même, l'horizon est plus bas et les figures surgissent, sont glorifiées par la perspective. Chastel l'avait très bien noté, la perspective est un moyen de faire surgir les figures vers le spectateur. Ça creuse l'espace et du même coup fait venir vers nous la figure peinte dans cet espace qui se creuse. Il y a une dialectique rhétorique entre profondeur fictive et surgissement fictif de la figure.

On pourrait accumuler les exemples de jeu sur la perspective à partir du XVe siècle. Je pense à nouveau à Antonello de Messine et à son *Saint* ill. 21 *Sébastien*, à Dresde, où l'on a là aussi un point de fuite vraiment très bas, au niveau du mollet ou presque du talon de saint Sébastien. Le tableau est vertical et assez étroit. Donc, un point de fuite très bas, un cadrage très serré, très proche de la figure, et les architectures lointaines ont l'air plus petites que le saint qui protège la ville : c'est la fonction de saint Sébastien, être le bouclier contre les flèches de la peste. Le saint devient monumental par rapport à la ville qui, à cause du point de fuite rabaissé, a l'air plus petite. C'est cadré serré, il y a jeu sur le point de fuite et le cadrage, qui permet un effet cinématographique, si on veut, un effet de gros plan au téléobjectif tout à fait remarquable. Cela permet en même temps un autre effet très net et incontestable : ce point de fuite, projection théorique de l'œil du spectateur, indique la position de notre œil à nous, et nous sommes donc minuscules par rapport à saint Sébastien, exactement comme ces minuscules dévots qui, dans d'autres tableaux contemporains, sont représentés agenouillés aux pieds de l'immense saint qui les protège. La perspective autorise donc à la fois une mise en scène admirable de rhétorique et de savoir-faire chez Antonello de Messine, mais permet aussi de rappeler la dévotion et de faire du spectateur le dévot du grand saint protecteur.

Par la suite, les peintres qui aiment jouer avec

la perspective vont pouvoir faire des effets extraordinaires. L'un des plus grands maîtres en la
matière, c'est le Tintoret, au XVIe siècle. Les perspectives du Tintoret sont tout à fait extraordinaires : qu'elles soient centrées, non centrées,
verticales, il y a toujours un effet de drama-
tisation et de rhétorique incroyable. En fait, je
pense que la perspective est intimement liée à
une conception rhétorique de la peinture, c'est-à-
dire que la peinture doit persuader, doit enseigner et émouvoir, ce sont les trois tâches de la
rhétorique selon Cicéron, et la perspective est un
instrument permettant d'émouvoir et de persuader le spectateur.

L'absence de contraintes me paraît fondamentale. Si on veut comprendre un peu mieux la dyna-
mique interne de cette période qu'est le XVe siècle,
où s'invente la perspective, il faut prendre en
compte à la fois l'invention des règles, c'est certain, mais aussi immédiatement après l'invention
du jeu à l'intérieur de ces règles. Le fait même que
la perspective n'est pas une contrainte ou une
unité coercitive, qui n'aurait qu'un seul sens, est
je crois montré aussi par le fait que, très rapidement, en une cinquantaine d'années, la perspective régulière géométrique se démode. À la fin du
XVe siècle, à Florence, la ville par excellence de la

perspective, les peintres les plus avancés, ceux qui font le mouvement de l'histoire de la peinture, se désintéressent relativement de la perspective. En fait, c'est être archaïque vers 1490 à Florence que de faire de la perspective géométrique appliquée, car on a déjà dépassé le problème. Il y a différentes raisons à cela, et l'une d'elles tient aux contenus de la perspective.

À son origine, c'est-à-dire dans les années 1430-1450, la perspective a une dimension politique. C'est un instrument de représentation qui a aussi des résonances politiques. C'est très dangereux de prétendre voir de la politique en peinture, et surtout dans la perspective, mais il faut réfléchir à ce qu'est la construction perspective à son début. C'est construire un lieu urbain (puisque la perspective c'est de l'architecture), donc construire un pavement, une place de ville, de façon que l'*historia*, l'histoire, s'y déroule et ait l'air de faire quelque chose, qu'elle n'ait pas l'air d'être un tumulte, selon Alberti — *non tumultuare videatur*. Ce mot m'a toujours paru singulier parce qu'Alberti savait très bien ce qu'il écrivait, c'est un Florentin, il sait beaucoup mieux que moi ce qu'il voulait dire ; *tumultuare*, le tumulte, ça a un sens très précis à Florence en 1435. Ça ne pouvait pas ne pas évoquer l'une des grandes révoltes populaires de la fin du XIVᵉ siècle, le tumulte des Ciompi. Donc, lorsqu'il dit qu'il faut que l'histoire ait l'air de faire quelque chose et non pas de *tumultuare*, c'est qu'il y a une conception politique de l'histoire en jeu dans cette conception de la perspective. Cette conception, c'est que l'histoire « agit » sur la place de la ville, c'est une histoire civile et une histoire civique. On peut considérer à ce moment-là, en 1435, que le texte d'Alberti, *De pictura*, est un des grands textes de ce premier humanisme civique de la Renaissance, qui comprenait les plus grands chanceliers de la ville de Florence, Coluccio Salutati en tête, au début du siècle. Il s'agit, avec la perspective, de montrer que la ville, la cité, est le lieu d'une histoire humaine et civile. Je suis donc absolument persuadé de cette première conception politique de la perspective.

Et puis, comme vous le savez, la République de Florence devient très vite une fiction parce que les Médicis, et Côme l'Ancien en particulier, tout en respectant absolument les formes de la République, vont peu à peu prendre tous les leviers du pouvoir. Et Laurent le Magnifique fera encore mieux, c'est-à-dire que la République devient effectivement un principat, la République florentine ne reviendra effectivement qu'après que les Médicis auront été chassés et Savonarole brûlé.

À ce moment-là, on aura une période républicaine, mais sinon Florence est un principat déguisé, pratiquement dès 1460-1465. Dans les années 1480, le principat de Laurent le Magnifique est parfaitement installé, et il se trouve que, conjointement, la perspective n'est plus un élément de modernité. Quand on prend les peintres du xvᵉ siècle, je pense entre autres à Fra Bartolomeo mais aussi à Léonard de Vinci qui est aussi un Florentin, ne l'oublions pas, on constate que la définition géométrique de l'espace, l'idée d'une histoire qui a l'air de faire quelque chose grâce à un ordre géométrique imposé à la représentation, tout cela n'est plus tellement d'actualité. Fra Bartolomeo fait de la perspective, mais elle n'est plus vraiment géométrique, c'est-à-dire que les lignes ne sont plus dessinées. Ce qui surgit au contraire, c'est le fait que les figures de l'histoire passent avant le lieu. Or, souvenez-vous d'Alberti : le lieu, et puis les figures qui aient l'air de faire quelque chose. À la fin du xvᵉ siècle, les figures se sont approprié le lieu de l'histoire, de même que le prince s'est approprié les règles de la République, dirais-je pour aller vite.

Tout cela peut paraître un peu tiré par les cheveux, mais une historienne américaine, Nancy Struever, a fait un très beau livre autour des

conceptions de l'histoire et de la rhétorique au
xve siècle florentin, dans lequel elle donne des
textes splendides qui montrent qu'au début du
siècle et jusque dans les années 1440-1450 la
place publique est le lieu de la liberté par excellence. C'est là que se joue la *libertas* civique,
humaine et historique. Elle montre aussi que, à
partir des années 1470-1480, le lieu de la *libertas*
n'est plus la place publique mais le *studiolo*, c'est-
à-dire l'endroit où le prince, le grand prévôt ou
l'humaniste se retirent, loin des tracas et des trom-
peries du monde. La place est devenue le lieu de
la tromperie, et le *studiolo* celui de la vérité et de
la liberté. Ce glissement, très bien mis en valeur
par Nancy Struever, me paraît beaucoup plus
important que la notion d'infini pour penser la
perspective. La perspective est au départ un instrument permettant de construire le lieu civique
de l'histoire et de la liberté, qu'on peut figurer
par Florence contre Milan, contre les Visconti à
Milan, et le siècle basculant et les princes prenant
possession des républiques, la place devient alors
le lieu de la trahison et du mensonge, et seul le
studiolo est le lieu de la liberté. La perspective ne
peut donc plus être un lieu de construction de
l'*historia*. Dès le xve siècle, et pendant les cinquante premières années de l'emploi d'une pers-

pective avec supposément des règles, les peintres
jouent non seulement avec elle, mais en plus le
système de la perspective lui-même prend des
fonctions différentes. Il est utilisé ou rejeté, pratiqué d'une manière ou d'une autre. La perspective ne disparaît pas pour autant Elle demeurera
pendant cinq siècles la base même de la représentation. Cela dit, elle n'a pas toujours le même
sens, elle change, et surtout elle a des « modes
d'emploi » qui peuvent lui donner différents sens.

Un moment qui me frappe beaucoup aussi,
c'est celui où, à Rome, Raphaël fonde le classicisme et la « belle manière » romaine, avec entre
ill. 22 autres *L'École d'Athènes* qui est un chef-d'œuvre
du genre, et une perfection de perspective. Comme
l'a très bien dit Frederick Hartt, *L'École d'Athènes*
et le classicisme romain de Raphaël montrent une
confiance dans l'accord entre culture et pouvoir,
et confiance dans l'équilibre de la belle forme et
la transparence de la forme à son sens. Il se trouve
qu'en quelques années Raphaël va défaire lui-
même ce système. *L'École d'Athènes* date d'à peu
près 1512-1513, et dès la chambre d'Héliodore
et la chambre de l'Incendie, soit cinq ans plus
tard, la perspective est jouée de façon contradictoire. Le principal se trouve minuscule au fond
alors que le secondaire est au premier plan, énorme

— tel *L'Incendie du bourg* —, la régularité géomé- ill. 23
trique a l'air d'être remplacée par des luminosités
étranges — tel *Héliodore chassé du temple*. Il est
clair que la perspective a très vite fait son temps.
Même Raphaël, ce génie de l'équilibre et de la
transparence, ne la garde pas, tout simplement
parce que la réalité historique empêche de croire
à cet équilibre de la culture et du pouvoir. Et la
réalité des conflits historiques fait que le paradoxe s'installe à l'intérieur de la perspective. Il
est passionnant de voir comment, en une quinzaine d'années, va venir non pas l'anticlassicisme,
mais ce qu'on appellera plus tard le maniérisme,
c'est-à-dire un jeu paradoxal sur les équilibres du
classicisme, qui montre à la fois qu'on ne peut
plus croire à ces équilibres et que la situation est
assez catastrophique du point de vue politique et
culturel. En effet, le schisme est en train de s'ins-
taller. En 1527, Charles Quint vient mettre Rome
à sac. C'est un traumatisme complet, et les équilibres et la commensurabilité du monde, du moins
la confiance que la perspective manifestait dans
la capacité de l'esprit à organiser et à comprendre
par les mathématiques sont niés par l'Histoire. La
perspective à ce moment-là ne peut plus se manifester comme instrument de construction. Elle
continue d'être utilisée pour la construction, mais

soit elle est démontrée artificiellement, avec les grands perspectivistes flamands de la fin du xvıᵉ siècle qui sont de grands maniéristes, soit elle est purement et simplement déniée, comme dans la *Déposition* de Rosso, avec côte à côte l'immense saint Jean et les minuscules soldats qui sont au fond, sans aucun moyen de mesurer le passage de l'un à l'autre, c'est-à-dire un proche-lointain absolument immédiat.

On peut donc dire qu'au xvıᵉ siècle la perspective en voit de toutes les couleurs ! Pourtant, au xvııᵉ siècle, elle va redevenir un des grands instruments de la peinture. Je pense en particulier au trompe-l'œil baroque, de la fin ou même du milieu du xvııᵉ siècle. Que s'est-il passé entre cette espèce de crise de la perspective au xvıᵉ siècle et son retour glorieux au xvııᵉ siècle — je pense à l'église Saint-Ignace à Rome du père Pozzo, grand mathématicien et grand maître en trompe l'œil. Entre les deux il s'est en fait passé beaucoup de choses, mais du point de vue de la perspective et de ses éventuels contenus, il y a un point très important : on a désormais admis que le monde était infini. Le monde est devenu infini. Bruno l'avait déjà annoncé, il va en mourir, il va être brûlé pour cela, mais on peut dire qu'à partir de 1640-1650, l'idée du monde infini n'est plus blasphématoire. La perspective revient à ce moment-là magnifiquement, car elle permet de passer sans rupture de l'homme fini à Dieu infini. Alors qu'au xve siècle la perspective servait à montrer l'incommensurabilité de Dieu à l'homme dans l'Annonciation, au xviie siècle au contraire, le monde de Dieu est au-dessus de l'homme mais en continuité avec lui, sans rupture avec le monde de l'homme fini, tel que représenté par exemple à Saint-Ignace à Rome : il y a dans l'église un point très précis où se mettre et, en levant la tête, on voit le monde de Dieu au-dessus de soi mais en continuité avec soi, sans rupture. L'homme est fini, mais puisque le concept d'infini est accepté et qu'on est passé du monde clos à l'univers infini, comme l'avait dit Alexandre Koyré, la perspective devient l'instrument de cette mise en visibilité de l'infini de l'univers divin.

Un moment que je trouve également très intéressant pour l'histoire de la perspective et de ses sens éventuels est celui où la perspective va être rejetée, c'est-à-dire lorsqu'elle n'est plus une forme de représentation en peinture. Je pense ici aux symbolistes. Les impressionnistes sont encore dans le monde de la perspective, mais avec le symbolisme et le cubisme, et surtout l'abstraction, la perspective n'est plus un instrument de représentation, et donc prend un sens très intéressant. Que devient-elle et que signifient les tableaux qui sont encore peints en perspective au cours des années 1890-1910? Je crois que l'histoire de la perspective serait à faire de cette manière-là. Dans le fond, c'est une structure de représentation qui a été inventée à un certain moment à travers des processus historiques très précis, et qui devient alors le mode de représentation du monde, mais qui finit par être tellement partagé qu'il n'a plus de sens en lui-même. Son sens dépend de l'emploi qu'on en fait en fonction des circonstances historiques, politiques, culturelles, philosophiques... C'est donc une longue histoire qui n'a pas été faite, car je pense qu'il faudrait être plusieurs pour la faire. On peut avoir une connaissance assez précise des données aux xve et xvie siècles, mais dès lors qu'on aborderait ces questions pour le xviie, xviiie, xixe, il faudrait être plusieurs pour se lancer dans cette histoire. C'est une histoire collective, forcément.

10

Perspectives de Léonard de Vinci

Parmi les artistes les plus significatifs de cette histoire de la perspective, et en particulier de cette période de la fin du xve siècle où elle n'est plus fondamentalement d'actualité dans sa géométrie, on ne s'étonnera pas de trouver Léonard de Vinci. Actif à Florence entre 1469 et 1482, il va ensuite à Milan entre 1482 et 1499, puis se déplace entre Florence, Milan et Rome pour finir en France, à l'appel de François Ier en 1515-1516, et mourir en Touraine.

Il est intéressant que la première œuvre connue de nous de Léonard, parfait élève des ateliers florentins, soit un dessin, une vue de la haute vallée de l'Arno. C'est le premier paysage de la peinture occidentale, au sens où la vue est prise d'après la nature. Ce dessin est une feuille signée et datée ill. 24 de 1475, je crois, où le point de vue est pris depuis une hauteur. Une rivière qui coule entre des rochers, et à mi-distance, sur un éperon

rocheux, il y a une sorte de place forte comme on
en voit en Italie. On a voulu y reconnaître un lieu
de la haute vallée de l'Arno, mais j'ai vécu cinq
ans dans le Casentino et à mon avis rien ne ressemble à ça. C'est une vue que Léonard a faite
dans son atelier, une idée de paysage beaucoup
plus qu'un paysage réel comme il en fera par
ailleurs. Ce qui est intéressant, c'est que de ce
point de vue élevé, avec cette ville ou ce bourg
fortifié à mi-distance, et au loin la plaine, on a
deux grilles perspectives. Deux grilles non pas
construites mathématiquement mais juste le qua-
drillage de la perspective. C'est-à-dire que très
clairement, d'entrée de jeu et alors qu'il était un
très bon élève de l'atelier de Verrocchio, Léonard
indique un renversement de point de vue dans
une œuvre intime, privée, qui ne quittera jamais
son atelier. La perspective passe à l'arrière-plan,
et au premier plan c'est le rocher et l'eau, donc le
mouvement de la nature qui l'intéresse.

Ensuite, bien sûr, Léonard doit répondre aux
demandes et aux commandes, et l'une de ses pre-
ill. 26 mières œuvres est *L'Annonciation* toute en longueur du musée des Offices, un très beau tableau
qu'on date de 1475-1476, donc fait presque en
même temps que ce dessin. Dans cette magnifique *Annonciation*, la Vierge est à droite, à l'extérieur, avec un angle de bâtiment, un petit parapet,

l'Ange est à gauche et il y a un paysage à l'arrière-plan avec au fond, tout au fond, une montagne (la Vierge) et un port (la Vierge). Quand Carlo Pedretti a fait le schéma de perspective, apparemment très simple, de cette Annonciation, il a vu qu'il était faux, c'est-à-dire que le parapet, qui sépare le lieu de la rencontre du paysage, entre dans le mur si l'on fait le plan. C'est totalement invraisemblable : une apparence de réalité, de construction exacte.

Ensuite, l'œuvre importante de Léonard, c'est la fameuse *Adoration des mages*, inachevée en raison de son départ de Florence pour Milan. On a deux dessins préparatoires qui nous intéressent sur le plan de la perspective. Une première esquisse complète, avec la Vierge, l'Enfant, les mages, la grange ou bâtisse de la Vierge, une architecture en ruine également, qui est d'une maladresse perspective inconcevable pour quelqu'un du génie et de l'habileté de Léonard. Surprenant ! C'est un dessin très réussi pour les figures de premier plan, mais l'arrière-plan en perspective est inexistant, d'une médiocrité effarante, je dis bien effarante, pour un artiste comme Léonard qui a déjà montré beaucoup plus de maîtrise ailleurs. La deuxième étude est un dessin très célèbre, qui est aux Offices et qui représente uniquement la perspective sans les figures. Là, c'est un tour de force de perspective absolument extraordinaire, d'une perfection de l'apparence admirable, alors qu'elle est fausse dans le détail. Il y a tout le schéma : les lignes de fuite, les pavements, les piliers d'architecture bien posés, les escaliers en perspective parfaits... On voit donc le « progrès » qu'a fait Léonard entre les deux dessins. Passons au tableau inachevé : on constate que Léonard est profondément indifférent à la perspective. Le premier plan est le groupe de figures extraordinaires, d'une agitation extrême et qui fait un tumulte épouvantable : de ce point de vue c'est vraiment un tableau anti-albertien, car l'histoire s'y fait dans le tumulte. Mais il est vrai que dans l'Épiphanie, le fait que le Dieu incarné se révèle à l'ensemble du monde — car tel est le sens de l'Épiphanie et des Rois mages — est une grande nouvelle et le tumulte est complet. Puis à l'arrière-plan, c'est-à-dire au-dessus dans la surface, vous avez une perspective avec des ruines très intéressantes au point de vue iconographique. C'est une perspective réussie, sur laquelle Léonard n'insiste pas. Ce qui l'intéresse dans la partie haute, à droite, c'est un combat de cavaliers qui n'a apparemment rien à voir avec le thème. Mais il met en équilibre le tumulte du premier plan, qui occupe toute la largeur du tableau, la perspective esquissée et très réussie dans le quart supérieur gauche, et une bataille de chevaux dans le quart supérieur droit. Donc la perspective recule et devient secondaire.

Léonard part ensuite à Milan où il fait un certain nombre de choses, dont *La Dernière Cène* ill. 27 autour de 1495-1498, à Sainte-Marie-des-Grâces. On a énormément analysé cette *Dernière Cène*, une œuvre admirable d'invention et de renouvellement. Le tableau étant situé dans le réfectoire de Sainte-Marie-des-Grâces, la perspective parfaite de l'architecture dans le tableau continue la salle réelle du réfectoire. C'est la pièce de l'étage, comme il est dit, donc située en hauteur dans la salle en continuité parfaite, avec un plafond à caissons parfaitement peint, ce qu'on appelle des tapisseries sur les côtés qui rythment la profondeur, puis au fond la pièce fermée par deux fenêtres et une porte qui permet de cadrer le Christ en particulier. C'est donc une très belle utilisation de la perspective pour créer l'espace fictif de la *storia* en continuité avec l'espace réel du spectateur. Simplement, la table des apôtres qui occupe tout le premier plan en largeur est beaucoup trop grande par rapport à l'espace perspectif supposé par Léonard. Là, il a joué sur le cadrage, l'un des trois éléments de la perspective

avec le point de fuite et le point de distance. Ce
cadrage est très serré sur les figures, mais en sorte
que le plafond, tel qu'il est peint, s'arrête bien
avant d'être au-dessus des figures, c'est-à-dire qu'il
est découpé par le haut de l'image dans la profondeur de la pièce : c'est cadré serré aussi en
hauteur. Donc, les apôtres et leur table sont tout
à fait en avant de la perspective, ils ne sont pas
dans cette perspective mais dans un entre-deux,
a-t-on envie de dire, entre l'espace réel où nous
sommes en tant que spectateurs ou bien comme
les religieuses de Sainte-Marie-des-Grâces, et l'espace représenté à l'arrière-plan par la perspective.
Les apôtres surgissent entre ces deux espaces, ce
qui produit un très bel effet rhétorique et de présence puisque ça surgit en avant.

Il y a un autre point dans ce tableau où Léonard
utilise génialement la grille géométrique de la
perspective. Si vous vous rappelez bien, *La Dernière Cène* est faite du Christ au centre entouré de
quatre groupes de trois apôtres. Ils sont douze
dont Judas, tous du même côté de la table, par
groupes de six de chaque côté du Christ. La symé-
trie est donc parfaite, un au centre plus six de
chaque côté, mais variée puisque les quatre groupes
de trois ont des attitudes très diversifiées. J'ai été
très étonné lorsque j'ai constaté la façon dont

Léonard faisait jouer ces quatre groupes de trois apôtres par rapport aux scansions géométriques de la perspective données par le plafond, les tapisseries latérales et l'angle de la pièce au fond, les deux fenêtres et la porte. Si vous regardez attentivement, vous verrez qu'on a l'impression que c'est symétrique puisque l'architecture est symétrique. Or, jamais aucun des groupes ne correspond à la disposition de l'autre, c'est-à-dire que si un groupe est devant une fenêtre et un pan de mur à gauche, il sera devant le pan de mur et la fenêtre à droite, si une tapisserie et un intervalle entre deux tapisseries correspondent à un groupe sur la gauche, ça va être inversé sur la droite. Ce n'est pas une inversion mécanique, elle est jouée systématiquement et cela fait vraiment comme si la construction géométrique donnait une sorte de grille de portée musicale où les figures sont des notes qui jouent. Ce qui intéresse Léonard dans *La Dernière Cène*, c'est justement le cadre géométrique donné par la perspective « régulière » comme instrument à dénier par des figures qui se déplacent sans arrêt à l'intérieur de la grille. C'est ça le mouvement du monde. Effectivement, une fois que j'ai vu cela, la fresque s'est encore plus animée, car j'ai vu qu'il y a un mouvement qui part du Christ, avec ses deux mains (Gombrich l'avait noté avant moi), qui va vers les extrêmes de la table en emportant les apôtres dans le mouvement, arrive aux derniers apôtres et revient vers le centre. C'est ce qui fait la magie de *La Dernière Cène*, la grille géométrique et la perspective sont là, mais pour mettre en valeur que tout échappe à la grille. On est au cœur du travail de Léonard, et la meilleure preuve c'est qu'ensuite Léonard ne fera plus jamais de perspective géométrique. *La Dernière Cène* est la dernière œuvre de Léonard où la perspective est utilisée.

Ensuite, il y a les portraits, *La Bataille d'Anghiari* (ou ce qu'on peut en savoir), *Léda et le cygne*, *La Vierge, l'Enfant Jésus et sainte Anne*… il n'y a plus de perspective géométrique, mais un groupe de figures qui s'équilibre tout seul. Dans le cas de *La Vierge, l'Enfant Jésus et sainte Anne*, c'est admirable car c'est un groupe qui ne tient sur rien, sur trois pieds, les deux pieds de la Vierge et un pied de sainte Anne qui font tenir tout le groupe dans un état d'équilibre très instable, mouvant, dans un paysage préhistorique.

Léonard renonce délibérément à la perspective géométrique après *La Dernière Cène*, mais j'ai résumé très brutalement cette espèce de parcours de la perspective chez Léonard. On constate qu'en fait, dès le début, la perspective ne l'intéressait pas. Dans le premier dessin, il avait mis sa grille au fond du paysage. Ce qui l'intéressait était au premier plan, le rocher et l'eau, c'est-à-dire le stable et le mouvant, la rencontre des deux et le fait que le stable même, le rocher, n'est en fait lui-même tel qu'il est aujourd'hui que par le résultat d'un mouvement infini et indéfini du monde. C'est ce mouvement qui intéresse Léonard, la grille de perspective tente de saisir ce mouvement comme quelqu'un tenterait de saisir de l'eau dans un filet.

Le mouvement est ce qui intéresse aussi toute la Renaissance, il intéressait déjà Alberti, qui y consacre de très nombreuses pages. Au XVIe siècle, on dit que la grâce c'est le mouvement, et qu'il faut savoir le représenter car il est l'essentiel de la peinture. Mais chez Léonard, ce n'est pas seulement l'essentiel de la peinture, c'est l'essentiel du monde. Le monde est mouvement, le monde n'est que mouvement et les formes fixes ne sont que des conventions. Quand je dis formes fixes, je pense par exemple à l'anatomie : dans les dessins de Léonard les parties de l'anatomie sont fixes, elles sont vraies mais ne sont pas visibles et Léonard le dit très bien. On ne voit pas dans la nature ce qu'il représente dans ses dessins, non seulement parce qu'il synthétise ce qu'il a vu, mais aussi parce qu'on ne voit pas les lignes de

contour dans la nature. On ne les voit pas, tous
les peintres le disent, Goya, Delacroix, et Léonard
est le premier à le dire. Alberti le disait déjà, il
ne faut pas les voir en peinture, mais Léonard va
plus loin, on ne les voit pas dans la nature, même
si elles sont vraies. Donc, pourquoi construire un
monde à partir de géométries et de lignes alors
que le monde n'est que fluidité et passage ? Chez
Léonard, la perspective est effectivement un instrument et ne saurait en aucun cas être une règle
absolument coercitive, car les artistes en jouent,
et l'on peut même très bien s'en passer tout en
faisant des tableaux « en perspective ».

Léonard a travaillé d'autres perspectives que la
perspective géométrique : la perspective aérienne,
la perspective des couleurs, des ombres, des pertes,
c'est-à-dire de la perte de perception. À ce sujet,
il y a de très beaux dessins qui montrent comment on voit moins bien un objet au fur et à
mesure qu'il s'éloigne, c'est donc une perspective
de la perte de vision en fonction de la distance. Il
y a quatre perspectives chez Léonard, et chacune
est une élaboration dans laquelle la perspective
des lignes a un caractère. La perspective des lignes
n'étant elle-même qu'une des perspectives parmi
toutes les perspectives permettant de représenter
l'aspect du monde, c'est-à-dire non pas un monde

de formes fixes observées par un observateur immobile et qui aurait un œil unique, mais un monde de formes mouvantes observé par plusieurs spectateurs éventuellement, comme dans *La Dernière Cène*, avec un regard mobile, car nous avons tous deux yeux qui n'arrêtent pas de bouger. Léonard montre à quel point on peut, à l'intérieur même du système de la perspective, le dépasser sans plus faire appel à la géométrie mais à autre chose. Cela va être essentiellement l'atmosphère et les ombres. Il s'intéresse aux ombres, et on ne peut pas les saisir en perspective, simplement parce qu'elles ont des bords indéfinis, dit Léonard. Celui qui fait une géométrie des ombres, c'est Dürer, mais il n'y arrivera pas vraiment. Léonard essaie et à un moment y renonce définitivement : il n'y a pas de géométrie des ombres.

11

La thèse volée

En fait l'Italie est mon deuxième pays. Mon premier pays est la France, que j'adore, mais le deuxième pays dans lequel j'aimerais aussi vivre et où j'ai pas mal vécu, c'est l'Italie. Pourquoi ? J'aime aussi beaucoup la Hollande, l'Angleterre, l'Allemagne, mais je crois avoir eu vraiment un coup de cœur pour l'Italie à mon premier voyage, quand je devais avoir treize ans et demi, en 1958. Nous étions allés passer dix jours à Rome avec mes parents. Il se trouve aussi que j'aimais le latin, et je l'aime toujours aujourd'hui, et voir tout à coup les lieux, les rostres sur le Forum, là où avait parlé Marc-Antoine après l'assassinat de César, voir la curie où César avait été assassiné, rendait clairs les textes que j'avais du mal à comprendre en latin. Il y avait le lieu dont parlaient ces textes. Il y a eu les ruines romaines et les mosaïques d'Ostie, dont je me souviens très bien.

L'autre choc a été celui des peintures, celles de

la Renaissance et en particulier Raphaël. J'avais quatorze ans et j'ai eu un coup de cœur pour Raphaël. C'était tout simplement beau ! Et puis, grâce aux explications, aux commentaires que faisaient mes parents des fresques, c'était intelligent. C'est là que j'ai compris qu'une image pouvait penser. J'étais admiratif, et je me disais : « Non seulement ça raconte une histoire, mais ça la pense ! » Je crois que cela a été décisif pour moi. Si bien que huit ans plus tard exactement, j'ai fait une maîtrise en histoire de l'art et j'avais bien sûr choisi l'Italie parce que, ne voulant pas faire du latin toute ma vie et souhaitant retourner en Italie, le meilleur moyen c'était l'histoire de l'art italien. Cela a été mon premier voyage seul en Italie, pendant un mois. Par un hasard de calendrier, je suis arrivé à Florence au début du mois de décembre 1966, quelques semaines après la grande inondation de novembre 1966, où Florence avait été absolument dévastée par une crue terrible de l'Arno, un événement historique et vraiment catastrophique. Je confesse aujourd'hui, à ma grande honte, que je ne me suis pas du tout rendu compte de l'importance de cette catastrophe. J'ai trouvé ça étrange et je me le rappelle très bien puisque j'ai fait un film, avec une petite caméra 8 mm, après l'inondation, pas du tout comme un historien de l'art catastrophé, c'était plutôt le film de quelqu'un qui vient et qui a de la chance. Il faut mettre ça sur le compte de mon ignorance ! Je n'avais jamais fait d'histoire de l'art, j'avais une formation littéraire — le latin, le français, le grec... Florence était donc une découverte, et découvrir cette ville avec des traces de mazout jusqu'à deux mètres de haut était à mes yeux cinématographiquement très photogénique, c'était magnifique. J'ai donc aujourd'hui un souvenir à la fois étonné et un peu honteux d'être passé à Florence dans ces circonstances et de ne pas avoir eu à ce moment-là la réaction de l'historien de l'art, que dans le fond je n'étais pas encore, que je commençais à peine à devenir. En fait, on peut dire qu'en histoire de l'art j'ai été autodidacte, car je n'en ai pas eu la formation. Ma formation, encore une fois, était littéraire, historique. On faisait à la fois de la philosophie, du latin, du grec, de l'histoire, du français, une bonne formation générale, mais pas d'histoire de l'art. Cette absence d'enseignement de l'histoire de l'art dans les écoles du lycée français demeure d'ailleurs un scandale. Ce devrait être une discipline obligatoire.

J'étais donc autodidacte, je n'y connaissais rien et j'arrivais là avec un sujet de maîtrise sur Masolino da Panicale. À présent, il faut être un spécia-

liste pour le connaître. Il était le compagnon plus
âgé de Masaccio, et à côté il semblait et semble
encore aujourd'hui un peu faible. L'homme fort
du couple était évidemment Masaccio, mais il
se trouve que c'est Masolino qui m'intéressait, à
cause d'un auteur — le seul pratiquement que
j'avais lu — qui n'était pas André Chastel, mais
Pierre Francastel. C'est lui qui m'a inspiré au
départ, et son livre, que je trouve toujours magnifique, *Peinture et société*, de 1965. Je le lisais un an
après sa publication, et c'était l'actualité de la
réflexion sur l'art. Je me suis passionné pour Masolino et c'est la raison pour laquelle je suis allé à
Florence voir la chapelle Brancacci au Carmine
de Florence.

Pourquoi avoir choisi celui qui était secondaire
par rapport au grand Masaccio ? C'est une question qui continue de m'intéresser et sur laquelle je
serai peut-être amené à revenir, à rebondir d'une
manière ou d'une autre. La voie royale de l'histoire de l'art, les grands, les génies, c'est passionnant et il y a bien sûr de très grands artistes et
d'autres moins grands ; certains font bouger l'histoire, d'autres la répètent, d'autres encore prennent des chemins de traverse, c'est extrêmement
varié. Mais à ce moment-là, j'avais le sentiment
d'une injustice : je trouvais injuste que Roberto

Longhi (qui demeure aujourd'hui un historien italien pour lequel j'ai une très grande admiration
mais dont je déteste le mode d'approche des œuvres
et surtout l'arrogance) dise que Masolino ne comprenait rien à Masaccio. Et je trouvais que Francastel était beaucoup plus mesuré et plus juste. Il
a écrit qu'en fait Masaccio est un génie, il vient
contredire les situations, il attaque, il change,
il travaille avec l'équipe Brunelleschi-Donatello,
donc les très grands, mais il faut des passeurs pour
qu'une société puisse admettre des peintres vraiment révolutionnaires, surtout à cette époque-là.
Et le passeur c'était Masolino. C'est lui qu'on
appelait sur un chantier, et qui faisait alors venir
Masaccio. Cela a été le cas à Florence et à Rome. Je
pense que, dès ce moment-là, il y avait chez moi
une attirance vers ce qui était un peu à l'écart de la
voie royale de l'histoire de l'art.

Ce premier voyage a donc été consacré à Masolino, notamment près de Milan, avec le magnifique baptistère de Castiglione Olona. Quand vous
avez vingt-deux ans, que vous arrivez en Italie
par le nord et que vous découvrez le baptistère de
Castiglione Olona, je crois que vous ne vous en
remettez pas et que vous vous faites inoculer le
virus italien ! J'ai donc fait ma maîtrise sur Maso-

lino, et ce goût de l'Italie s'est poursuivi, curieusement, par saint Bernardin de Sienne.

Je me suis demandé pourquoi j'avais pris ce chemin, pourquoi ce thème, et j'ai appris après que saint Bernardin avait été nommé par Jean XXIII saint patron de la publicité! Pourquoi m'être intéressé à ce saint franciscain prédicateur édenté (à la fin de sa vie, quand il prêchait encore devant trois mille personnes à Sienne, saint Bernardin n'avait plus qu'une dent, qu'on a arrachée à son cadavre puisque c'était une relique magnifique, récupérée par le duc de Milan)? C'est en fait passé par le détour du problème de ce qui est écrit dans la peinture. Le fameux livre de Michel Butor, *Les Mots dans la peinture*, en fait état. Mais je m'étais posé une question que Michel Butor ne se pose pas dans ce livre : à quoi sert-il d'écrire des mots dans la peinture pour des spectateurs analphabètes? En effet, il est très frappant que le public majeur des tableaux religieux ou des fresques soit analphabète, non pas illettré, mais il ne sait pas l'*alpha* et le *bêta*, il ne sait pas lire. J'avais très vite eu l'idée que ce n'était pas pour ce que disaient les mots écrits, puisqu'on ne savait pas les lire, mais pour l'image du verbe. Alors pourquoi saint Bernardin de Sienne? Bien sûr à cause de Sienne, qui est avec Rome, pour moi, la plus belle ville d'Italie, et lors de mon voyage de 1966 j'ai eu un coup de cœur pour Sienne, pas pour Florence. J'avais donc remarqué, pendant ce voyage, dans les tableaux siennois, énormément de tableaux d'autel, des polyptyques ou même des tableaux de dévotion, où les saints tiennent un livre ouvert devant leur corps, et ce livre ne contient que des barres verticales. De loin on croit que c'est écrit, et quand on s'approche, tel qu'on peut le faire aujourd'hui dans les musées, on voit que ce sont des barres, comme un enfant peut apprendre à faire des barres à l'école. Je me suis demandé si les peintres n'étaient pas analphabètes eux-mêmes, et de toute façon le public ne sachant pas écrire, c'était l'image du verbe qui comptait et non pas le message même des mots. Dans le fond, l'image du verbe est une image de puissance et donc de légitimation de la sainteté du représentant du verbe. Cette idée m'a excité, j'avais vingt-trois, vingt-quatre ans. Et dans ce territoire siennois, s'il y avait bien quelqu'un qui tenait vraiment dans les mains une image du verbe, c'était saint Bernardin.

L'attribut essentiel de ce prédicateur franciscain est une tablette, un petit panneau de bois d'environ cinquante centimètres de haut sur trente-cinq de large, qu'il montrait à la fin de ses prédications et qui contenait, sans les décrire en détail, essentiellement ce qu'on appelle « le nom de Jésus », c'est-à-dire « Y.H.S. ». Cela sera repris par les jésuites pour devenir « I.H.S. », « *Iesus Hominum Salvator* », mais chez les jésuites c'est un sigle, comme « SNCF ». Chez saint Bernardin, c'est le nom de Jésus, un nom imprononçable. On ne peut pas prononcer « I.H.S. », et donc ça a une puissance divine extrême. Il utilisait cette tablette — il y a toute une histoire à ce propos mais je ne vais pas la raconter —, et j'étais fasciné de voir, dans l'histoire de la peinture, ce saint (le plus laid de tous à l'exception de saint Charles Borromée mais avec quelque chose de doux) tenir cette tablette avec « Y.H.S. » marqué dessus. J'ai commencé à chercher, et je dois dire que là, pour moi, ce sont plusieurs mondes qui se sont ouverts, dans les années 1967-1968. D'abord Sienne, parce que si on commence à chercher tous les saint Bernardin représentés, sculptés ou peints à Sienne, on peut y passer trois mois sans avoir encore tout vu.

Et puis, il y avait aussi le problème du « *low* » et du « *high* » — je ne savais pas à l'époque que ça s'appelait comme ça —, c'est-à-dire le grand art et l'art populaire, vulgaire, de base. Saint Bernardin a inspiré les plus grands artistes, mais a aussi été représenté par les artistes populaires anonymes dans les petites églises de campagne. Il y avait donc à nouveau une double histoire de l'art qui se proposait : celle des « grands », Mantegna, Fra Angelico, ils y sont pratiquement tous — sauf Masaccio car il est mort avant —, Titien, et celle des tout petits anonymes dans les églises d'Ombrie, de Toscane, de Vénétie, partout. Dans toute l'Italie du Nord, saint Bernardin est représenté parce qu'il a itinéré en prêchant dans toute l'Italie. À côté de cette double histoire de l'art s'ouvrait aussi l'idée qu'il n'y a pas d'art pour l'art, qu'il n'y a pas une histoire séparée de l'art. Il y a une histoire spécifique, singulière de l'art, mais l'art est fort dans la mesure où il est intégré à sa société, où il répond à des besoins, des demandes, des attentes, des espoirs, et de ce point de vue-là le « cas » saint Bernardin mêle à la fois la religion, la politique (saint Bernardin avait un code secret car il correspondait avec les plus grands), la société et en particulier la société cultivée et la société populaire. Saint Bernardin a failli être brûlé par le pape, en 1427-1428, parce que ses adversaires dominicains et augustiniens avaient voulu le faire disparaître, or non seulement il n'avait pas été brûlé mais il avait été encouragé par le pape. Il faut savoir que l'Église

romaine et catholique est universelle, mais qu'il
y a plusieurs ordres rivaux, et en particulier ceux
des dominicains et des franciscains. Si vous allez
à Florence, à un bout de la ville il y a les franciscains et à l'autre les dominicains. C'est toujours
comme ça ! La zone d'influence des dominicains
et des franciscains est d'ailleurs très intéressante...
Il y avait donc là, autour de saint Bernardin, une
sorte de secret qui m'obligeait à lire de plus en
plus de choses, à entrer et essayer de me familia-
riser, comme l'a dit Warburg, avec les « voix » de
ces gens-là du XVe, en allant dans les archives, en
regardant, en lisant, lisant...

C'était mon projet de thèse, que je faisais sous
la direction d'André Chastel, et je pense que
cette thèse était presque ironique — je m'en suis
rendu compte après coup — par rapport à Chastel, car son grand livre, sa thèse à lui, c'était « Art
et humanisme à Florence au temps de Laurent le
Magnifique » : la voie royale de l'histoire de l'art.
De mon côté, la thèse que j'imaginais, jeune historien arrogant, c'était « Art et société autour de
saint Bernardin de Sienne », évidemment aux
antipodes exacts de mon maître de l'époque. Il
se trouve que cette thèse, au bord d'être écrite
— toutes les fiches étaient faites ainsi que la
bibliographie, tout était classé, je n'avais plus

qu'à l'écrire —, m'a été volée à Florence, dans le coffre de ma voiture. Elle était dans un sac en joli skaï, les gens ont dû croire que c'était du cuir, et ce sac était lourd, rempli de papiers et de bouquins, on me l'a donc volé, et quand je suis rentré dans ma voiture, j'ai constaté que je ne l'avais plus. J'ai d'abord mis des annonces, je suis allé à Sienne dire à saint Bernardin qu'il fallait qu'il fasse quelque chose pour que je récupère cette thèse et finisse mon travail sur lui. Mais saint Bernardin avait, je pense, vraiment un secret, et ne tenait pas à ce que cette thèse soit faite ! Je n'ai pas renoncé à lui, j'ai continué à publier à son sujet, car c'est un thème absolument passionnant sur lequel je continue à réfléchir, mais je n'allais pas refaire tout ce travail, reprendre toutes les recherches, les photos, donc j'ai trouvé plus simple de changer de thèse et de directeur de thèse. C'est là que je suis passé, non pas de Charybde en Scylla, mais tout au contraire de Chastel en Marin ! Je suis donc passé de saint Bernardin à la question, plus large, de l'art de la mémoire et l'art de la rhétorique.

Et je travaille maintenant depuis plus de vingt ans sur les problèmes de mémoire et de rhétorique dans la peinture italienne de la fin du Moyen Âge et de la Renaissance. En fait, j'avais décou-

vert à Rome le livre de Frances Yates, *L'Art de la
mémoire*, dans sa version italienne. Ce grand livre
fondateur aujourd'hui pour les études sur les arts
de la mémoire m'avait complètement fasciné.
Je m'étais rendu compte en même temps que
la tablette de saint Bernardin, avec « Y.H.S. »
entouré des douze rayons du soleil et six rayons
entre chaque rayon et d'une inscription rectangulaire autour du rayon, était un objet de mémoire,
une peinture de mémoire, une image de mémoire.
Saint Bernardin en parle comme d'une *pictura*,
donc d'une peinture, destinée à mémoriser des
données fondamentales du Credo chrétien pour
des analphabètes, parce qu'il leur expliquait le
sens de la tablette, qu'il substituait parfois aux
tableaux des autels, ce qui a fait scandale. Saint
Bernardin a par exemple fait remplacer à Bologne
une image de *La Vierge à l'Enfant*, sur l'autel
majeur de Bologne, par la tablette du nom de
Jésus. Il a donc été attaqué pour hérésie, dévia-
tion hébraïque, culte diabolique, on disait qu'après
son passage les paysans fondaient un culte au
soleil du fait qu'il a par ailleurs utilisé magique-
ment la tablette. Il faut imaginer, petite anecdote, une prédication à Sienne en 1425 : saint
Bernardin prêche, certaines personnes s'endor-
ment, il fait beau car on est à Sienne, et à ce

moment-là saint Bernardin utilise sa tablette
comme une sorte de miroir et, faisant se refléter
la lumière du soleil avec l'or, il va réveiller une
personne endormie. Miracle ! Saint Bernardin est
un thème magnifique, il aurait fallu en faire un
film. On m'avait volé ma thèse sur lui, eh bien,
ce qui venait derrière c'était la mémoire, qui était
au cœur même du travail de saint Bernardin.

12

De la mémoire à la rhétorique

L'art de la renaissance, de la fin du Moyen Âge, et la mémoire, ça m'occupe depuis maintenant assez longtemps. J'ai découvert cette problématique à travers le livre de Frances Yates, *L'Art de la mémoire*, que j'ai eu la chance de traduire ensuite en français chez Gallimard, mais que j'ai découvert à Rome lorsque j'étais à l'École française. C'est un livre admirable, qui se lit comme un roman, et Frances Yates a réussi à reconstituer la façon dont les gens, orateurs, religieux, diplomates, faisaient pour se rappeler ce qu'ils avaient à dire ou à faire. Même ceux qui allaient au marché pour acheter des biens : aujourd'hui on fait une liste sur un papier, mais à l'époque le papier et l'encre n'existaient pas, encore moins dans l'Antiquité, et elle a cherché à savoir comment les gens faisaient pour se rappeler tout cela dans un certain ordre. Elle a donc reconstitué cette histoire des *artes memoriae*, des arts de la mémoire, depuis l'Antiquité où l'art existe, se constitue, se crée, jusqu'aux XVIᵉ et XVIIᵉ siècles, où cet art de la mémoire connaît un apogée puis disparaît, mis à mal par le cartésianisme et par la nouvelle ère scientifique et de pensée du XVIIᵉ siècle.

Je résume très rapidement les principes de l'art de la mémoire : il s'agit au départ d'un art destiné aux orateurs de l'Antiquité pour se rappeler un discours. L'argumentation consistait à imaginer un bâtiment que vous connaissez peut-être, tel votre immeuble ou votre appartement, le palais de justice si vous êtes un avocat, ou bien imaginé à votre fantaisie, mais qui sera très précisément organisé. Dans ce bâtiment et dans des lieux très précis du parcours, vous placez des *imagines agentes*, c'est-à-dire des images très frappantes que vous inventez vous-même de telle sorte qu'elles vous rappellent ce que vous voulez dire. L'exemple classique donné par l'*Ad Herrenium*, le texte cicéronien, et cité par Frances Yates, c'est le cas d'un orateur devant défendre un client accusé d'avoir empoisonné quelqu'un pour capter son héritage, mais il y a eu un témoin. L'image proposée pour se rappeler toute cette situation de plaidoirie, c'est le mort dans un lit, mais encore vivant, l'accusé tenant une coupe dans la main droite et ayant à l'annulaire gauche une bague comportant deux testicules de bélier. Vous avez tout : la personne va mourir à cause de la coupe empoisonnée par mon client, qui a un problème, ces deux testicules — je rappelle que testicule, *testiculus*, veut dire « petit témoin ». Ces testicules de l'*Ad Herrenium*, donnés en toute innocence comme exemple d'image de mémoire au Iᵉʳ siècle après ou avant Jésus-Christ, ont parcouru tout le Moyen Âge. Ce sont des testicules de bélier car c'est le premier argument de l'attaque, et le bélier est le premier signe du zodiaque. Ce groupe d'images — le mourant, le lit, le client —, l'avocat le met à l'entrée de son bâtiment. Première chose à exposer, donc, la cause elle-même. Ensuite, son raisonnement une fois construit, l'orateur disposera au fur et à mesure du parcours du bâtiment, en longueur ou en hauteur à travers les étages, les arguments successifs de son discours, si bien que, où qu'il se trouve dans le bâtiment, il pourra revenir exactement au lieu où il a mis l'image. Les images ne bougent pas, tandis qu'il parcourt mentalement le bâtiment. Il peut donc toujours retrouver n'importe quel argument à sa place dans le bâtiment. Cela paraît bien compliqué aujourd'hui parce que, encore une fois, on a pris l'habitude d'écrire sur du papier, mais rappelez-vous que dans l'Antiquité on écrivait sur des tablettes de cire, et si l'orateur avait dû apporter son discours d'une heure et demie en tablettes de cire, il aurait eu besoin de plusieurs esclaves pour les porter. Là, il n'avait qu'à concevoir son propre bâtiment de mémoire en mettant dans des lieux bien précis des images bien précises, et à parcourir ensuite ce bâtiment. C'est le principe général dont les règles ne changent pas, posées dès l'Antiquité et qui durent à travers le Moyen Âge et encore au XVIe siècle.

Dans son livre, Yates reconstitue cette tradition et donne à certains moments des exemples d'images de l'art qui sont manifestement inspirées par des systèmes d'images de mémoire : l'exemple le plus fort se situe à Florence, dans l'église dominicaine de Santa Maria Novella, la salle du chapitre qui s'appelle aujourd'hui la chapelle des Espagnols. Il y a là une grande fresque prenant un mur entier qui représente le *Triomphe de saint Thomas*, et Frances Yates démontre, c'est imparable, qu'elle est conçue comme un très vaste système de mémoire inspiré par les images mnémoniques typiques qu'on trouve par ailleurs dans les traités de mémoire de l'ordre dominicain. Il n'y avait donc aucun doute : le peintre peignant pour un couvent dominicain avait reçu des frères en question la consigne de peindre un grand art de la mémoire de la gloire de saint Thomas, c'est-à-dire des fondements de la gloire de saint Thomas, à la fois ses vertus, ses sciences, etc., et l'ensemble se lit comme une grande page de manuscrit mnémonique dominicain.

Lorsque j'ai lu ça, j'abordais l'histoire de l'art, je n'avais que quelques années de pratique derrière moi, j'ai été très impressionné par le monde qu'ouvrait le livre de Frances Yates. J'ai alors demandé à Gallimard de le traduire et j'ai eu la chance de pouvoir le faire, et j'ai constaté que Frances Yates, qui n'est pas une historienne de l'art mais une historienne de la culture, avait en fait ouvert une porte magnifique et que, si l'on suivait cette piste, il y avait pas mal d'images et de cycles de peinture entiers qui étaient inspirés par des structures mnémoniques. Ici, il faut être très précis : la structure mnémonique repose sur la juxtaposition de lieux dans un ordre déterminé à l'intérieur desquels sont placées des *imagines agentes*, c'est-à-dire des images frappantes ou inhabituelles. Il y a par exemple l'image typique d'une figure assise ou allongée sous une autre figure en trône : la philosophie en trône et à ses pieds tel philosophe ; la justice en trône, comme vertu cardinale, et à ses pieds, avachi, écrasé, l'injuste par excellence, etc. Voilà un système de mémoire où la figure principale trônante est la vertu ou bien l'art, et à ses pieds se trouve son corollaire parce que ça aide à penser et à se rappeler. Corollaire positif : l'art libéral et son grand représentant, la musique, et Tubal, l'inventeur de la musique. Ou au contraire la vertu et son grand opposant dans l'histoire. C'est donc un système parfaitement cohérent, qui permet non seulement de se rappeler, mais qui représente la somme d'un savoir. J'emploie le mot « somme » exprès, car c'est la somme théologique, c'est-à-dire un type d'image qui s'accorde parfaitement avec la structure de pensée scolastique et en particulier avec l'idée de la somme. Ce qui est très frappant, c'est qu'il n'y a pas seulement le *Triomphe de saint Thomas* pour les dominicains, il y a le *Triomphe de saint Augustin* pour les augustiniens, qui est conçu exactement de la même façon. Frances Yates n'en parle pas, je pense qu'elle ne les connaissait pas, ce sont des fresques qui se trouvent à la Pinacothèque de Ferrare.

Par l'art de la mémoire, vous avez aussi la représentation d'un système du monde, d'une conception du monde. Les vertus, les arts libéraux, et finalement les planètes, les jours de la semaine, tout peut s'organiser avec le principe et son représentant. Donc, l'art de la mémoire était devenu, à la fin du Moyen Âge, non seulement un outil pour se rappeler, mais un véritable système de représentation, et un système de pensée en particulier. On pensait le cosmos dans des structures de mémoire. Un des plus grands de ce point de vue-là, c'est Raymond Lulle, qui avait imaginé un système de mémoire entièrement par lettres et sans représentation, avec des roues qui tournaient les unes sur les autres, tellement universel qu'il pensait pouvoir convertir les Infidèles. Ainsi, l'art de mémoire donnait à celui qui le possédait pleinement un pouvoir non seulement par son savoir intériorisé, mais par le fait qu'il pouvait faire agir ce savoir à l'extérieur, et cela allait être très important pour le XVIe siècle.

Progressivement une hypothèse de travail est venue. La Renaissance par rapport au Moyen Âge, c'était aussi (parce qu'il y a beaucoup d'autres processus qui font la Renaissance) un passage de ce système mnémonique, juxtaposé, statique, immuable, correspondant à une conception close et hiérarchisée du cosmos, à un autre système fondé non pas sur la juxtaposition de lieux contenant strictement une figure bien définie, mais au contraire sur l'unification globale du lieu de la représentation, un seul lieu, où les figures se déplacent, ce qui est le contraire complet de l'art de la mémoire. Alberti, en 1435, consacre plu-

sieurs pages à la représentation du mouvement
en peinture, selon une conception rhétorique de
la peinture, ce qui est à l'opposé exact des principes de l'art de la mémoire. La peinture servant
non plus à se rappeler quelque chose, mais à
convaincre, à émouvoir le spectateur de ce qu'elle
raconte.

Un des grands exemples pour moi, de ce point
de vue-là, est la représentation de *La Dernière
Cène*, avec le Christ et les douze apôtres. La tradition veut au XIVᵉ siècle, et encore au XVᵉ siècle,
que le Christ et les onze apôtres soient d'un côté
de la table, et Judas isolé de l'autre. Il va trahir,
donc il se met à part, peut-être est-ce un système
pour se rappeler toute une série d'arguments sur
Judas, mais c'est une structure invraisemblable,
non rhétorique. Parce que si vraiment Jésus disait
aux apôtres : « L'un de vous va me trahir », et
qu'il y en ait onze d'un côté et un seul de l'autre,
et qu'aucun des onze ne comprenne que c'est le
douzième qui va trahir, alors ils sont idiots… Or
ce n'est pas ce que cherche à dire la peinture. Une
chose est sûre, c'est qu'à chaque fois qu'il y a
Judas de l'autre côté de la table, la peinture ne
cherche pas à être vraisemblable, elle ne cherche
ill. 27 pas à convaincre de ce qui s'est passé. Léonard de
Vinci est le tout premier à mettre Judas avec les

autres, à le confondre dans la masse. Il remet
Judas de l'autre côté et l'on se demande alors où
est celui-ci. Et bien sûr, chez Léonard de Vinci, le
mouvement s'empare de tout, les apôtres s'agi-
tent. On est passé d'un système mnémonique,
juxtaposé, clos, répétitif même, à un système rhétorique de persuasion du spectateur.

Cette idée-là, le passage d'un système à un
autre, pour le dire en un mot, de la mémoire à
la rhétorique, s'est révélée tout à fait fructueuse.
D'abord, si on regarde la peinture des XIVᵉ et
XVᵉ siècles de ce point de vue, on comprend mieux
l'ancien système qui n'est pas rhétorique. Si vous
lisez par exemple des textes sur Duccio, le grand
peintre siennois du début du XVᵉ siècle, et sur la
fameuse *Maestà* de Duccio, vous voyez d'excellents
spécialistes, des gens très sérieux, très savants,
qui aiment beaucoup Duccio et qui, à propos de
ses structures spatiales, parlent d'aberration, de
naïveté, de contradiction. Mais non ! Ils ne comprennent pas, car ils raisonnent sur Duccio à
partir du système nouveau, à partir du système
d'Alberti de l'unification de l'espace et donc du
principe qu'il ne peut pas y avoir deux fois les
mêmes personnes dans la même pièce, ou qu'une
colonne ne peut pas séparer à elle toute seule l'intérieur et l'extérieur, etc. Alors que, chez Duc-

cio, ce n'est pas du tout la même chose, c'est un système de lieu, une logique de lieu, sur lequel sont inscrites des figures. Tout ce que les spécialistes de Duccio appellent des contradictions ou des imperfections sont simplement issues d'un autre système, d'une autre manière de concevoir l'espace de la représentation à partir d'une logique des lieux contenant des figures. D'abord on comprend ainsi mieux ce qui se passait auparavant, comment un peintre comme Duccio pensait la représentation picturale. Surtout, l'idée que la Renaissance est le passage d'un système à un autre permet d'être très attentif et pour le coup de voir autrement les mélanges, les continuités, les ruptures dans les systèmes de représentation entre le xive et le xve siècle.

Il est très intéressant de suivre la transformation du polyptyque, qui s'invente au début du xive siècle, et qui est exactement un bâtiment de mémoire avec des lieux bien précis, des figures dans le lieu, l'ordre de parcours très précis du lieu, avec le fait que, par exemple, l'Annonciation sera traitée différemment selon qu'elle est en bas ou en haut du polyptyque, car la nature du lieu influe sur la nature de l'image. Le polyptyque est magnifique à interpréter comme bâtiment de mémoire que le regard parcourt avec un ordre vertical et un ordre horizontal. Comment passe-t-on, donc, de ce polyptyque comme système de représentation de la peinture d'autel, au tableau, c'est-à-dire à une seule image, rhétorique, au-dessus de l'autel ? Un des tout premiers exemples est *Le Baptême de Jésus* de Verrocchio, Botticelli et Léonard de Vinci. Le passage d'un système à un autre permet de voir comment du polyptyque au tableau d'autel, il y a toute une série de transformations progressives qui fait que l'ancien système résiste, qu'il se réintroduit alors que le tableau d'autel est en train de faire pression, mais que l'ancien système est quand même encore là, donnant des hypothèses de travail et des expérimentations extraordinaires qui n'auront pas d'avenir. En un siècle, on est donc vraiment passé du système mnémotechnique, ou mnémonique, ou mémorial, du polyptyque placé sur l'autel, au tableau d'autel qui persuade et émeut son spectateur — qui demeure toujours un fidèle. Mais la force du système mnémonique est telle que le polyptyque demeure efficace, il y en a encore de très beaux aux XVIe et XVIIe siècles. Simplement, eux-mêmes à ce moment-là sont conquis par la rhétorique. C'est une hypothèse tellement fructueuse que je n'en ai toujours pas fini avec elle. Je continue d'être dans ce thème, de manière un peu obsessionnelle, mais c'est tellement riche comme résultat que je ne regrette pas mon obsession.

13

Un historien
dans la Chambre des époux

Le passage de la mémoire à la rhétorique est une des clés d'interprétation de la Renaissance. Il y en a une autre qui serait très importante à suivre, celle de la dévotion. Comment la dévotion religieuse incite au réalisme de la peinture, par exemple, et pas du tout à l'image pieuse. Mais ce qui continue de m'intéresser, c'est ce passage des structures de mémoire à des structures de rhétorique. Je voudrais juste donner deux exemples du type de recherche et même de découverte auquel on aboutit.

Le premier, c'est à propos d'un seul lieu : les fresques que peint Andrea Mantegna au palais ducal de Mantoue, entre 1470 et 1475. Ces fresques sont dans la Chambre des époux, un lieu du palais ducal qui est à la fois public et privé. C'est le lieu « officiellement » privé du prince, dans lequel il peut recevoir des visiteurs et même des ambassadeurs, qui n'est pas le grand salon de

ill. 29 et 30

réception officielle. C'est un lieu non pas intime mais privé. Il y avait effectivement un lit, où le prince pouvait se reposer, mais il n'y dormait pas car ce n'était pas la chambre matrimoniale, c'était donc un lieu de réception et aussi d'amusement. On a des textes dans lesquels il est écrit que pour se distraire on est allé voir la *camera picta*, et cela jusqu'au xvie siècle. C'est aussi un lieu où se tenaient les archives secrètes, d'après les recherches de Claudia Cieri Via, qui n'étaient réservées qu'au prince ou à sa femme, la princesse Barbara de Brandebourg, quand le prince était en déplacement. Elle seule avait la clé d'une petite armoire dont on a retrouvé le lieu, creusé dans le mur de la Chambre des époux, derrière une tenture peinte. J'y ai passé des heures, mais malheureusement aujourd'hui on ne peut plus y passer qu'un quart d'heure, pour ensuite laisser la place au groupe suivant : le touriste ne peut donc plus voir ce qui n'est pas fait pour être vu, justement, au xve siècle. Je trouve ce lieu vraiment magique, en tout cas fascinant pour l'intelligence et la complexité de la peinture dans cette période de la fin du Quattrocento. C'est une salle voûtée dont on va seulement évoquer pour l'instant les murs, car la voûte nous prendrait encore beaucoup de temps. Sur un des murs, vous avez la *Scène de la cour*, avec le prince entouré de sa famille, en particulier la

ill. 30

princesse Barbara de Brandebourg au centre du mur, des enfants et je crois même des petits-enfants, et sur la partie droite vous avez l'arrivée dans la cour avec un escalier et des courtisans qui gardent l'épée au poing et d'autres qui arrivent, dont un qui vient de l'extérieur et transmet un billet plié à un autre personnage. On remarque d'ailleurs que le prince est lui-même en train de lire une lettre qu'il montre de l'index à son secrétaire qui sort de derrière un rideau dans la partie gauche de la fresque et contemple avec son maître le contenu de la lettre, qui bien sûr nous échappe. Dans cette *Scène de la cour*, le prince est représenté en pantoufles et en robe de chambre, ce qui est assez rare mais qui correspond à la fonction officiellement privée de la Chambre.

Sur le mur d'à côté, à gauche de la *Scène de la cour*, vous avez un autre mur peint représentant la scène de l'*Incontro* : la rencontre, due au hasard ou ill. 29 à la providence, du prince Ludovic Gonzague alors qu'il se rendait à Milan tel jour de janvier de je ne sais plus quelle année, avec deux de ses fils qui reviennent de Milan où ils avaient été faire part au duc de Milan de la nomination de l'un d'eux comme cardinal. C'est la fresque de la rencontre dite de Bozzolo, je crois, qui se compose de trois parties, comme la *Scène de la cour*. À gauche, on voit les chevaux et les chiens du prince tenus par des serviteurs. Au centre, il y a un bâtiment étrange en mausolée d'Hadrien dans un paysage avec des *putti* qui tiennent la signature gravée du peintre. Dans la partie droite enfin, vous avez la rencontre avec le prince, ses fils et ses petits-fils, ainsi qu'un portrait du roi de Suède. À l'arrière-plan de cette rencontre, on voit un paysage théorique représentant une ville sur une colline qui est en fait une sorte de Rome idéale, évoquant en effet très fortement Rome, et non une ville du paysage de Mantoue.

Sur les autres murs de cette Chambre des époux, vous n'avez rien, ou plutôt des tentures de cuir peintes abaissées, puisqu'on voit de part et d'autre des fragments de ciel bleu indiquant qu'il y aurait quelque chose à voir si l'on relevait la tenture. Vous remarquez alors qu'on voit les deux murs des fresques du fait que les tentures sont soulevées, car il y a aussi des tentures sur ces fresques. Ce point m'a toujours intrigué : Mantegna est appelé de Padoue en 1469 par Ludovic pour remplacer Pisanello, un choix du prince de passer du gothique international à la Renaissance et à l'humanisme. Certains spécialistes ont d'ailleurs reconnu un portrait d'Alberti dans l'une des figures de la Chambre, mais personnellement je n'y crois pas. Une question se pose donc : comment se fait-il que l'un des plus importants princes du moment, capitaine des armées ecclésiastiques et également représentant du duc de Milan, partant à Milan pour assurer l'interrègne à la suite de la mort du duc, ne fasse peindre que deux murs sur quatre dans une pièce, et sur les autres seulement des tentures abaissées ? Cette question m'a toujours intrigué, c'est peut-être bizarre puisque après tout il y a déjà assez de choses à dire sur les deux murs à figures. En fait, comme je venais de Sienne, j'ai cru à tort ou à raison reconnaître une sorte de structure qui datait en fait du début du XIVe siècle, profondément médiévale et qui avait été génialement exploitée par un de mes peintres siennois préférés, Ambrogio Lorenzetti, au Palazzo Pubblico, vers 1330, donc pratiquement cent cinquante ans plus tôt.

Ces fresques d'Ambrogio Lorenzetti représentent l'allégorie du *Bon gouvernement* et celle des *Effets du Bon gouvernement*. Sur tout un mur de la pièce, dans la salle des Neuf, au sujet du gouvernement de la République de Sienne, se tient l'allégorie du *Bon gouvernement*, en trône, entourée de ses sept vertus, ainsi que la Justice à côté et les citoyens unis par l'accord de la Justice. Sur l'autre mur, vous avez l'allégorie de ses effets : une ville

ill. 31 et 32

en paix, harmonieuse, avec des jeunes filles qui dansent dans la rue pour célébrer l'harmonie de Sienne, qu'on reconnaît immédiatement par des bâtiments très précis comme la cathédrale en particulier. Toute la moitié de cette fresque des *Effets du Bon gouvernement*, c'est le parcours sûr du territoire, c'est-à-dire qu'on sort de la ville de Sienne, dont on voit la muraille qui a l'air d'être en carton-pâte, et la route part dans le paysage parallèlement au plan, s'enfonce, et l'on voit un magnifique paysage, l'un des premiers grands paysages de la peinture européenne, qui représente les chasseurs allant chasser, les paysans portant le grain à la ville, ceux qui coupent la vigne, ceux qui labourent, etc., et au bout on voit la mer et un port, qui est le port d'activité commerciale de Sienne, en rapport avec celui de Talamone. C'est une allégorie, puisque ce n'est pas une activité d'un seul mois, tous les mois de l'année sont représentés. Le *Bon gouvernement*, en trône, suscite comme effet une ville harmonieuse et un parcours sûr du territoire. Je connaissais bien ces fresques de Sienne, et je me suis dit que *La Cour* et l'*Incontro* étaient la même chose. *La Cour* c'est le prince, au lieu central du pouvoir, entouré de ses vertus c'est-à-dire de sa famille ; l'*Incontro*, c'est le parcours sûr du territoire, puisqu'il y a une forteresse en construction dans un détail du paysage. J'étais donc très étonné de voir que, à cent cinquante ans de distance, Mantegna ou son conseiller avait réutilisé un schéma typiquement médiéval et mnémonique, celui du principe et de l'effet.

Je me suis alors demandé s'il y avait d'autres fresques en Italie entre ces deux exemples-là, parce que passer de 1330 à 1470 sans transition était un peu gênant. Eh bien oui, il se trouve que j'ai commencé à en trouver à ce moment-là. Beaucoup ont disparu mais au moins deux fonctionnent. L'une, dont j'ai déjà parlé, est dans la chapelle des Espagnols de l'église de Santa Maria Novella à Florence, en face du *Triomphe de saint Thomas*, qui représente de manière statique la somme du savoir de saint Thomas, et juste en face vous avez le *Triomphe de l'Église militante*, qui consiste en un parcours complet de la fresque menant au Paradis sous la garde des dominicains. C'est le même type de composition : le principe du savoir de saint Thomas et en face le mouvement de la vie du chrétien bien guidé par saint Thomas.

Il y a un autre très bel exemple, très différent, c'est un petit château du Piémont qui s'appelle Manta — une longue histoire, ce château — où, dans la salle baronnale, vous avez face à face les neuf preux et les neuf preuses, qui sont en fait des

allusions au « prince régnant » de Manta, pour le
dire vite, car ce n'est pas un prince mais un bâtard,
qui se présente comme le premier des preux, Hector, alors qu'en fait il est le dernier de la série
puisque c'est lui qui incarne à ce moment-là le
pouvoir. Le temps circule donc à l'envers puisque
le dernier de la lignée, Valerano da Saluzzo, est
en fait le premier, Hector, par rapport à tous les
autres. C'est une conception circulaire du temps,
car Hector-Valerano est en réalité celui auquel
aboutit la lignée, mais dans l'image il est celui
dont part la lignée puisqu'il est représenté en
Hector. En face, vous avez une fresque représentant la fontaine de jouvence, c'est-à-dire précisément le renversement des temps. J'avais ainsi à
nouveau, peint en 1415-1420, un cycle de fresques
me montrant la juxtaposition duelle d'un système
statique juxtaposé : le principe (la lignée dynastique) et l'effet (le renversement des temps). Il y
en a eu d'autres, connues par description, mais je
ne vais pas entrer dans les détails.

Voilà donc un exemple typique qui permet
d'analyser comment une œuvre de pleine Renaissance peut réutiliser ou continuer à utiliser un
schéma médiéval. Mais il s'est passé quelque chose
entre ces deux exemples. À Sienne, le principe de
Bon gouvernement est représenté en allégorie,

1 Raphaël, *La Madone Sixtine* (1513-1515)
Huile sur toile, 265 x 196 cm. Gemäldegalerie, Dresde

2

3

2 Jean-Honoré Fragonard,
Le Verrou (vers 1777)

Huile sur toile, 73 x 93 cm
Musée du Louvre, Paris

3 Gustave Courbet, *L'Origine
du monde* (1866)

Huile sur toile, 46 x 55 cm
Musée d'Orsay, Paris

4 Léonard de Vinci,
La Joconde (1503-1506)

Huile sur bois, 77 x 53 cm
Musée du Louvre, Paris

5 Titien, *La Vénus d'Urbin* (1538)

Huile sur toile, 119 x 165 cm
Galerie des Offices, Florence

4

5

6 7

8

6 Antonello de Messine, *Portrait d'homme (L'Homme qui rit)* (vers 1470)
Huile sur bois, 30 x 25 cm. Musée de la fondation Mandralisca, Cefalù

7 Léonard de Vinci, *Portrait de Ginevra de' Benci* (vers 1474)
Huile sur bois, 39 x 37 cm. National Gallery of Art, Washington

8 Jean Fouquet, *Heures d'Étienne Chevalier, Charité de saint Martin*
(vers 1452-1460), détail. Parchemin, Musée du Louvre, Paris

9 Filippo Lippi, *Épisodes de la vie de saint Jean-Baptiste* : *La Décapitation de saint Jean-Baptiste* (1452-1465)

Fresque, cathédrale Santo Stephano à Prato, chapelle du chœur

10 Masaccio, *Le Paiement du tribut* (1424-1428)

Fresque, 247 x 597 cm
Santa Maria del Carmine, chapelle Brancacci, Florence

9

10

11

11 Filippo Lippi, *Épisodes de la vie de saint Jean-Baptiste* : *Le banquet d'Hérode* (1452-1465)

Fresque, cathédrale Santo Stephano à Prato, chapelle du chœur

12 Ambrogio Lorenzetti, *L'Annonciation* (1344)

Détrempe sur bois, 122 x 177,5 cm. Pinacothèque nationale, Sienne

13 Domenico Veneziano, *L'Annonciationo* (vers 1445)

Détrempe sur bois, 27,3 x 54 cm. Fitzwilliam Museum, Cambridge

14 Piero della Francesca, *L'Annonciation*,
polyptique de Pérouse (1470)

Détrempe sur bois, 122 x 194 cm. Galerie nationale d'Ombrie, Pérouse

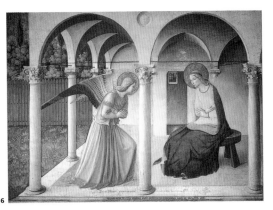

15 Fra Angelico, *L'Annonciation* (1433-1434)

Détrempe sur bois, 175 x 180 cm. Musée diocésain, Cortone

16 Fra Angelico, *L'Annonciation* (vers 1450)

Fresque, 230 x 321 cm. Couvent de San Marco (corridor nord), Florence

17

18

17 Fra Angelico (attribué à), *L'Annonciation* (1435-1445)
Détrempe sur bois, 194 x 194 cm. Musée du Prado, Madrid

18 Filippo Lippi, *L'Annonciation* (avant 1460)
Détrempe sur bois, 68,5 x 152 cm. National Gallery, Londres

19

20

21

19 Francesco del Cossa,
L'Annonciation (vers 1470)

Détrempe sur bois, 137 x 113 cm
Gemäldegalerie, Dresde

20 Domenico Veneziano,
Retable de Santa Lucia dei Magnoli
(vers 1445)

Détrempe sur bois, 209 x 216 cm
Galerie des Offices, Florence

21 Antonello de Messine,
Saint Sébastien (1476)

Huile sur toile, 171 x 85 cm
Gemäldegalerie, Dresde

22

23

22 Raphaël, *L'École d'Athènes* (1509-1510)

Fresque. Chambre de la Signature, palais du Vatican

23 Raphaël, *L'Incendie du bourg* (1514-1515)

Fresque. Chambre de l'Incendie, palais du Vatican

24

25

24 Léonard de Vinci, *La Vallée de l'Arno* (1473)

Plume et encre, 19 x 28,5 cm. Galerie des Offices, Florence

25 Léonard de Vinci, *Adoration des mages* (1481)

Détrempe, huile et blanc de plomb sur bois, 243 x 246 cm. Galerie des Offices, Florence

26 Léonard de Vinci, *L'Annonciation* (1473-1475)

Huile et détrempe sur bois, 98 x 217 cm. Galerie des Offices, Florence

27 Léonard de Vinci, *La Dernière Cène* (1495-1498)

Huile et détrempe sur mur, 460 x 880 cm. Couvent de Sainte-Marie-des-Grâces, Milan

26

27

28 Duccio di Buoninsegna, *La Maestà*,
verso : *Scènes de la passion du Christ* (1308-1311), détail

Détrempe sur bois, 214 x 412 cm. Musée du Dôme, Sienne

29

30

29 Andrea Mantegna, la Chambre des époux,
paroi ouest, *La Rencontre* (1469-1474)
Fresque. Palais ducal, Mantoue

30 Andrea Mantegna, la Chambre des époux,
paroi nord, *La Cour rassemblée* (1469-1474)
Fresque. Palais ducal, Mantoue

31

32

31 Ambrogio Lorenzetti, *Allégorie du bon
gouvernement* (1338-1339), détail
Fresque. Palazzo pubblico, Sienne

32 Ambrogio Lorenzetti, *Allégorie des effets du
bon gouvernement* (1338-1339), détail
Fresque. Palazzo pubblico, Sienne

33

33 Pontormo, *La Déposition* (1527)
Huile sur bois, 313 x192 cm. Église de Santa Felicità, Florence

34 Vermeer, *La Jeune Fille à la perle* (1665)
Huile sur toile, 46,5 x 40 cm. Musée royal de Mauritshuis, La Haye

35 Vermeer, *La Dentellière* (1669-1670)
Huile sur toile, 24,5 x 21 cm. Musée du Louvre, Paris

36 Vermeer, *La Laitière* (1658-1660)
Huile sur toile, 45,5 x 41 cm. Rijksmuseum, Amsterdam

37

38

39

37 Vermeer, *La Liseuse* (1657)

Huile sur toile, 83 x 64,5 cm. Staatliche Kunstsammlungen, Gemäldegalerie, Dresde

38 Vermeer, *L'Art de la peinture* (L'Atelier du peintre) (1665)

Huile sur toile, 130 x 110 cm. Kunsthistoriches Museum, Vienne

39 Diego Velázquez, *Les Ménines* (1656)

Huile sur toile, 321 x 281 cm. Musée du Prado, Madrid

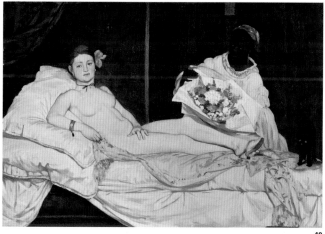

40

40 Édouard Manet,
Olympia (1863)

Huile sur toile, 130,5 x 190 cm
Musée d'Orsay, Paris

41 Jean-Auguste-
Dominique Ingres,
Mme Moitessier (1852-1856)

Huile sur toile, 120 x 92 cm
National Gallery, Londres

41

42

42 Francisco de Zurbarán, *La Mort d'Hercule* (1637)
Huile sur toile, 136 x 167 cm. Musée du Prado, Madrid

43 Véronèse, *Bethsabée au bain* (1575)
Huile sur toile, 227 x 237 cm. Musée des Beaux-Arts de Lyon

44 Giovanni Bellini, *La Pietà* (1465)
Huile sur toile, 86 x 107 cm. Pinacothèque de Brera, Milan

43

44

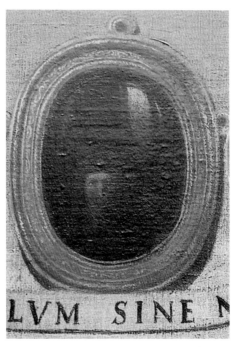

45 Benvenuto Garofalo, *L'Immaculée Conception* (vers 1530), détail
Huile sur toile. Pinacothèque de Brera, Milan

Crédits photographiques

1, 19, 37 : SKD/HP Klut. 2 : RMN/Arnaudet. 3 : RMN. 4, 35 : RMN/
Ojeda. 7 : National Gallery of Art, Washington. 10, 42 : Scala. 17, 38 :
Musée national du Prado, Madrid. D.R. 20, 24, 25 : Galeria degli Uffizi,
Florence. D.R. 21 : SKD/Klut Estel. 22 : Palais du Vatican/Zigrossi. 23 :
Palais du Vatican/Sarri. 37 : Kunsthistorisches Museum, Vienne, MVK/
ÖTM. 34 : Musée royal de Mauristhuis, La Haye. 40 : RMN/Barizzi. 43 :
Musée des Beaux-Arts de Lyon, Studio Basset.

Nous remercions les archives photographiques des musées et des
institutions qui ont fourni le matériel iconographique.

ainsi que ses effets. À Mantoue, en revanche, ce ne sont plus des allégories. C'est le prince réel, avec ses pantoufles, sa robe de chambre, sa femme, ses enfants, son tapis, son chien sous le siège, son vrai secrétaire (dont c'est le portrait exact). Et puis le prince incarne le principe. Or le principe, qui est invisible par essence et transcende l'histoire, devient le prince : *il principio* devient *il principe*, et *il principe* incarne *il principio*. Le prince qui incarne le principe signifie que c'est maintenant dans le corps et l'histoire de l'homme que se réalise la légitimation du pouvoir. *L'Incontro*, de ce point de vue, c'est le parcours sûr d'un territoire géré par un très grand chef militaire, et en même temps c'est la rencontre de deux dynasties, une dynastie politique, celle du marquis à Mantoue même, et une dynastie religieuse puisque son fils cardinal inaugure une série de cardinaux dans la famille des Gonzague. Le principe du Bon gouvernement Gonzague, c'est le prince qui l'incarne, et ce principe n'est rien d'autre que la politique dynastique et familiale. Voilà donc comment la continuité et les différences permettent de mieux comprendre et de mieux voir certaines images.

Un autre très bel exemple surprenant de ces synthèses, passages et mélanges entre structures de mémoire et structures modernes de la Renais-

ill. 22 sance, c'est Raphaël et son *École d'Athènes* dans la Chambre de la Signature, connue comme étant l'apogée même de la Renaissance, un comble de classicisme, d'humanisme, de néoplatonisme, etc. C'est l'exemple même de la peinture moderne qui en a fini avec le Moyen Âge. Or, la structure même de *L'École d'Athènes* est une structure entièrement mnémonique, qui a inspiré, autorisé la disposition de l'ensemble de cette fresque. Peut-être connaissez-vous l'histoire de cette fresque : une fois qu'elle a été terminée, Raphaël a rajouté au tout premier plan la figure de Michel-Ange mélancolique sous les traits d'Héraclite. Dès que j'ai su que cette figure avait été rajoutée, je me suis demandé comment Raphaël avait fait pour ajouter un élément central capital sans déséquilibrer la fresque. Personne ne s'est posé la question. Je n'ai eu la réponse qu'à partir du moment où j'ai compris que la structure était mnémonique. Je veux dire qu'à l'intérieur même de la Chambre de la Signature, à la voûte vous avez le principe : la philosophie ; sur les murs vous avez les grands représentants : les philosophes ; dans ces grands représentants vous en avez deux principaux : Platon et Aristote ; Platon est le contemplatif, qui indique le ciel et porte le *Timée* dans la main gauche ; Aristote est l'actif, qui a la main

tendue vers le sol et qui tient sous son bras
l'*Éthique à Nicomaque*. Vous avez Diogène, vau-
tré comme un porc (ou plutôt comme un chien
puisque c'est un cynique) sur les marches, aux
pieds d'Aristote. Il est donc le « mauvais actif »,
corollaire du « bon actif » Aristote. Sous Platon
vous n'avez rien, car il est incomparable pour un
néoplatonicien. Il est le maître même, le Moïse
chrétien, comme on l'appelait. Puis, voyant le
chef-d'œuvre de Michel-Ange, la chapelle Sixtine, Raphaël lui rend un hommage ironique en
le mettant là où il n'y avait rien dans le système
mnémonique, car il n'y avait aucun corollaire
comparable à Platon. En revanche, il y avait la
place pour l'*imago* et, du coup, Raphaël met,
génialement, Héraclite le contemplatif négatif
(tout passe, tout coule, rien ne dure), sous les
traits de Michel-Ange en pose de mélancolique,
les genoux pliés, le menton sur la main. Il rem-
plissait le lieu qui attendait la figure, mais c'est
bien une structure de mémoire : le principe, les
grands représentants, et ensuite les corollaires
négatifs de l'actif, rien sous Platon et puis corollaire négatif du contemplatif avec Michel-Ange
en Héraclite.

Cela nous emmènerait peut-être un peu loin,
mais ce qui est évidemment intéressant, c'est que

Raphaël se livre à une autre astuce très belle au centre de *L'École d'Athènes*. Il donne à Platon les traits du Philosophe même, c'est-à-dire la grande barbe blanche, etc. On a avancé que c'était le portrait de Léonard de Vinci, mais c'est une erreur, car Raphaël ne l'avait pas vu depuis au moins une dizaine d'années lorsqu'il a peint cette fresque. Raphaël utilise un dessin qui était connu à l'époque, parce qu'il circulait en Italie, censé représenter le Philosophe, c'est-à-dire Aristote. Raphaël a donc l'intelligence de donner à Platon les traits du Philosophe, c'est-à-dire d'Aristote. C'est ça, être néoplatonicien : dire que le Philosophe n'est plus Aristote, représenté à côté en homme barbu mais d'une quarantaine d'années. Le Philosophe même, c'est devenu Platon, et je vole les traits d'Aristote pour les transposer sur Platon ! Et dessous, je mets Michel-Ange dans une pause hiératique comme corollaire négatif. L'art de la mémoire c'est aussi cela, jouer avec des modèles, les déplacer. Mais à l'époque on le savait. Ce qui est fascinant dans l'Histoire, c'est de reparcourir tout à coup ces chemins-là qu'on a en fait oubliés.

14

Pour une brève histoire
du maniérisme

Si on est rigoureux, on doit dire que le maniérisme c'est pratiquement la Renaissance elle-même, c'est-à-dire le XVIᵉ siècle. Si on arrête la Renaissance à son âge classique, à son apogée classique, c'est-à-dire Raphaël à Rome, Léonard de Vinci, Michel-Ange, on va dire que la Renaissance a duré dix ans, de 1505 environ à 1515, où déjà à Rome Raphaël montre des traits de l'art *di maniera*. Même la grande œuvre de Michel-Ange, la voûte de la chapelle Sixtine, faite entre 1508 et 1511, est un répertoire d'art *di maniera*, qui deviendra l'une des « bibles » et un des relais essentiels du maniérisme. Je pense que c'est une des astuces d'André Chastel, le grand spécialiste du XVIᵉ siècle italien : lorsqu'il a fait ses deux livres de synthèse sur la Renaissance chez Skira, fin XVᵉ début XVIᵉ, il a appelé le premier volume *Le Mythe de la Renaissance*, et le deuxième *La Crise de la Renaissance*, c'est-à-dire : qu'est-ce que la

Renaissance, un mythe ou bien une crise? Je
crois que c'est une très bonne intuition de sa
part. Je parle d'intuition parce que personnellement je n'aime pas le mot crise, qui suppose que
quelque chose fonctionnait auparavant qui entre
ensuite en crise. Cela me paraît impliquer une
norme de perfection, dont le maniérisme serait la
crise. Or, le maniérisme est une forme d'apothéose de la Renaissance, c'est en tout cas, entre
1503 et 1580, la pratique européenne de l'art
dans l'Histoire.

Pourquoi ce terme de maniérisme? Il est
aujourd'hui péjoratif, et il faut vraiment étudier
et réfléchir pour le valoriser. Le mot maniérisme
a été employé pour la première fois à la fin du
xviiie siècle par Luigi Lanzi, dans son *Histoire de
la peinture italienne* (*Historia pictorica dell'Italia*), et
c'est évidemment un terme péjoratif qui condamne
la tendance des artistes, après Raphaël, à s'éloi-
gner de la nature et à choisir l'affectation des
formes par la manière, l'artifice, la convention,
plutôt que la vérité de l'imitation. Lanzi n'est pas
le premier à porter ce jugement, mais il crée le
terme de maniérisme. Dès le milieu du xvie siècle
s'élèvent des critiques de la part des Vénitiens
contre la façon de Michel-Ange en particulier, qui
est un art de manière, *di maniera*, qui n'a plus la
vérité de la nature. C'est très compliqué de juger,

tous les termes de style sont souvent critiques au départ, tel le baroque, qui a commencé par être péjoratif. Pour le maniérisme, revaloriser le terme est complexe parce que la critique n'est pas fausse. Effectivement, les artistes maniéristes européens du XVIe siècle pratiquent un art qu'on peut qualifier d'artificiel. On le voit très bien chez Vasari, le premier grand historien de l'art, justement grand artiste maniériste du milieu du XVIe siècle, lorsqu'il passe de ce qu'il appelle *la bella maniera*, la belle manière ou le beau style, apogée de la Renaissance classique avec Raphaël par exemple, à l'*arte di maniera*, l'art de manière, l'art de style, qui est en fait le maniérisme. Bien sûr, il n'a pas du tout l'idée d'une critique, il sait qu'il y a un apogée avec Raphaël, Michel-Ange et Léonard, mais les artistes *di maniera* se situent dans la ligne directe et dans l'imitation, la citation des grands artistes. Si bien qu'au bout du compte le maniérisme est un art au second degré. John Sherman, un de ses très bons spécialistes, l'a caractérisé comme un « style stylé » (*a stylish style*). Très belle expression. Montaigne lui-même, à la fin du siècle, commentant les formes d'art du XVIe siècle, dit : « Ils artialisent la nature, nous devrions naturaliser l'art. » Très belle formule là encore de Montaigne, qui se situe lui-même comme grand écrivain maniériste faisant le bilan du maniérisme tout en appelant à autre chose, ce qui le rend passionnant de ce point de vue.

La critique ou la description du maniérisme comme art artificiel n'est donc pas fausse, mais elle demeure pour moi et pour beaucoup d'autres insuffisante, parce qu'elle passe tout simplement à côté des enjeux de cette altération, de cette stylisation, de cette « artialisation » de l'art. En ne s'intéressant pas aux raisons de la transformation, elle reste à un aspect purement extérieur et descriptif. Je prendrai un seul exemple, la célèbre (mais inconnue de beaucoup) *Déposition* du Florentin Pontormo, peinte en 1527, qu'on peut encore voir aujourd'hui *in situ* dans l'église Santa Felicità à Florence. Au premier regard, c'est un chef-d'œuvre d'artifice, d'exagération, de paradoxes. C'est une *Déposition* où il n'y a pas de croix et pas d'échelle, donc ce n'en est pas vraiment une. C'est un grand tableau vertical, où une douzaine de personnages se construisent verticalement depuis la base du tableau jusqu'à son sommet, sans aucun repère physique de terre, de sol, qui permette de savoir comment ils se superposent les uns aux autres jusqu'en haut du tableau. Puis, si vous regardez un peu plus attentivement, vous verrez que le tableau, dans son ensemble, repose uniquement sur des mouvements internes du groupe de figures, et en particulier le Christ mort qui est en fait porté au tombeau. Les adieux de la Vierge au Christ sont le vrai sujet du tableau. La Vierge s'effondre en arrière avec un geste d'adieu de la main droite, tandis que le Christ glisse de ses genoux et va être porté au tombeau, c'est-à-dire dans l'autel — c'est un tableau d'autel, et l'autel est la métaphore du tombeau du Christ. C'est une citation du Christ mort de Michel-Ange dans sa *Pietà* de la basilique Saint-Pierre de Rome. Le Christ a un corps très lourd, très beau. Il est porté par deux personnages qui sont comme des danseurs sur la pointe des pieds. On pourrait continuer la description, car ce tableau foisonne de paradoxes, ce qui est un comble d'artifice. D'ailleurs, Vasari, qui n'aimait pas tellement Pontormo, dit de ce tableau qu'il est peint « à l'allemande », ce qui n'est pas très honnête car Pontormo, en la matière, s'inspire directement de Michel-Ange et en particulier pour les couleurs, qui sont complètement acides, invraisemblables, et qui viennent directement du coloris de la voûte de la chapelle Sixtine, telle qu'on peut maintenant la voir restaurée. Avant la restauration, on ne pouvait pas comprendre ces couleurs de Pontormo, mais maintenant qu'on a vu

celles de Michel-Ange, on voit qu'il rend à nouveau hommage à son maître absolu en peinture.
Mais tout cela, à la limite, c'est de l'artifice.

Si on en reste là, on aura une très belle description de cette *Déposition*, mais on manquera
complètement l'enjeu de cet artifice qui est en
fait une extrême intensité spirituelle. Le tableau
est de 1527, il ne faut pas oublier que c'est la
grande année du sac de Rome, une période de
grande crise de l'Église, le schisme protestant
gagnant du terrain derrière Luther. La réponse de
foi que donne Pontormo à cette situation, la seule
qu'il puisse faire, est intellectuelle. Il n'y a pas de
réponse immédiate possible, sauf pour un saint
extatique, et ils commencent d'ailleurs à se mul-
tiplier à cette période. Mais Pontormo n'est pas
un saint extatique, et il fait un tableau artificiel
car la seule réponse possible à cette crise religieuse est intellectuelle. C'est en même temps un
appel au spectateur à participer, dans un élan de
dévotion, à cet adieu de la Vierge au Christ. Il y
a aussi la position de Marie-Madeleine, qui est à
droite du tableau et qui nous fait entrer dans le
tableau en nous tournant le dos. Nous ne la voyons
pas, nous ne voyons que ses cheveux : artifice
complet. C'est une figure en force, serpentine, un
tour de force maniériste également, qui repré-

sente notre entrée dans le tableau avec sa main qui tient le tissu et qui est située au cœur du tableau. Comme cette main, c'est à nous de faire ce geste pour nous porter d'amour vers le Christ. Ces enjeux spirituels sont présents dans l'artialisation de l'art du maniérisme.

Effectivement, le maniérisme s'éloigne de la nature, mais en rester là n'est pas suffisant et je préfère une autre description, celle que donne Robert Klein dans *La Forme et l'Intelligible* : « Le maniérisme est un art de l'art. » Il explique que tout art est une certaine manière de faire quelque chose, et le maniérisme est l'art de cette manière. Comme le dit Robert Klein, dans le maniérisme l'attention glisse du quoi, ce qui est représenté, au comment le représenter. Il demande donc un regard d'appréciation artistique ou esthétique devant l'objet représenté, sur la manière dont on représente cet objet. Pourquoi ce glissement du quoi au comment ? Comment se fait-il que l'art de la Renaissance devienne un art de l'art de la Renaissance ?

Pour répondre, je crois que le meilleur chemin est de chercher comment s'est fait ce glissement, et je pense ici à l'atelier de Raphaël. En quelques années, il est fascinant de voir comment Raphaël fait vraiment l'œuvre classique par excellence

ill. 22 avec la Chambre de la Signature vers 1512-1513
(*L'École d'Athènes* et *La Dispute du Saint-Sacrement*
sont des chefs-d'œuvre de la Renaissance classique à son apogée), puis réalise quatre ans plus
tard un chef-d'œuvre d'art *di maniera* avec *L'In-*
ill. 23 *cendie du bourg*, dans la Chambre de l'Incendie, à
côté de celle de la Signature. L'incendie est représenté mais le thème principal, à savoir le miracle
par lequel le pape arrête l'incendie du *borgo* au
Moyen Âge, passe absolument au second plan, en
minuscule, alors que tout le premier plan est
occupé par l'agitation humaine, le drame humain
des gens tentant d'éteindre l'incendie. Or ces gens
sont représentés de manière complètement artificielle, puisqu'il y a par exemple une canéphore
portant une jarre sur sa tête représentée en figure
marchant avec une très grande élégance. À gauche
de la fresque, on a un personnage nu, portant son
père sur son dos et tenant son frère par la main,
citation d'Énée quittant Troie en flammes. Donc,
en quelques années, Raphaël fait passer la peinture de l'apogée du classicisme à un art *di maniera*
presque outrancier.

Il faut bien comprendre qu'à ce moment-là
il ne s'agit pas du tout d'un art pour l'art, d'une
démonstration de virtuosité de Raphaël, mais
simplement d'une réponse de Raphaël à une situa-

tion politique et culturelle très fragilisée. Une des fresques les plus maniéristes de Raphaël, *Le Couronnement de Charlemagne*, représente le pape du moment, Léon X, couronnant Charlemagne sous les traits de François Ier, puisqu'on espérait que François Ier deviendrait empereur à la place de Charles Quint à cette date. Le maniérisme, quand il apparaît dans la peinture avec l'atelier de Raphaël, est en relation étroite avec la pression du politique sur l'art. Frederick Hartt l'a très bien dit, l'art *di maniera* manifeste, exprime une crise de confiance dans les sources du pouvoir, dans l'accord entre la culture et le pouvoir, et dans l'harmonie logique et transparente des formes. On ne croit plus à la belle forme humaniste, parce que la pression politique a montré que le mythe de la Renaissance, comme disait Chastel, c'est-à-dire la plénitude des temps, *plenitudo temporum*, réalisée à Rome sous l'égide de l'Église, ne tient pas face au concile schismatique de Pise, la proclamation de Wittenberg de Luther et les conflits politiques à travers l'Europe. Ces premiers moments de crise vont être ensuite confirmés tragiquement pendant tout le XVIe siècle, qu'on peut décrire comme un siècle de crise religieuse, avec le schisme protestant qui va donner lieu au concile de Trente, lequel mettra pratiquement trente ans pour aboutir à des solutions ; crise économique, parce que l'arrivée de l'or depuis l'Amérique du Sud va complètement déséquilibrer les circuits commerciaux européens ; crise politique avec le fait que les grands États, les plus puissants, sont maintenant l'Espagne, la France et l'Angleterre, et que l'Italie, qui était le centre du monde, ne l'est plus ; crise scientifique, avec la révolution copernicienne, l'anatomie du corps bouleversée par le livre de Vésale, etc. Le XVIᵉ siècle est donc un siècle de changements extraordinaires, et le maniérisme est la réponse à ces crises multiples.

Mais réponse ne veut pas dire reflet. Bien sûr le maniérisme est un écho, il reflète en partie la crise, mais surtout il lui répond. C'est une réponse, dans certains cas d'ordre pratiquement magique, au sentiment d'incertitude, d'instabilité, de fragilité du monde. Je citerai à nouveau Montaigne, dans son Essai II du Livre III, l'*Essai du repentir* : « Le monde est une branloire pérenne, je ne peins pas l'être, je peins le passage. » Il traduit ce sentiment de l'instabilité universelle du monde. Dans le fond, le cosmos est en train de se défaire et l'univers n'est pas encore là, pour prendre sa place, comme dirait Koyré. Cette instabilité, l'art est là pour la manifester, et très souvent pour en jouer. Ce qu'on doit bien comprendre avec le maniérisme, c'est qu'il a une dimension ludique, le paradoxe maniériste étant très souvent un jeu.

L'exemple que je préfère à ce sujet, c'est le parc des Mostri à Bomarzo, à une centaine de kilomètres au nord de Rome, où l'on a sculpté des rochers affleurant du sol, auxquels on a donné des formes de monstres qui sortiraient de terre pour dévorer les visiteurs. C'est un parc magique et initiatique, qui possède tout un sens caché. On a construit la Bouche de l'enfer dans laquelle on peut entrer pour se rafraîchir, ce qui est un paradoxe, et sur laquelle est inscrite la citation de Dante : « Qui entre ici perd tout espoir », et dès qu'il fait chaud on y est au frais. On est donc au bord de l'impiété, être au frais dans l'enfer, mais c'est un jeu. À Bomarzo, vous avez aussi une maison avec un étage, construite de travers, beaucoup plus penchée que la tour de Pise. En entrant, le sentiment de stabilité s'efface immédiatement, parce que vous-mêmes restez verticaux, mais vous n'arrêtez pas de vous appuyer de peur de tomber. En fait, dans une large mesure, le maniérisme met en scène le trouble, l'incertitude, pour en jouer, et peut-être aussi pour en exorciser le caractère inquiétant.

On pourrait continuer sur ce sujet, car que ce soit en peinture, en sculpture, en architecture, en art des jardins, en vêtements, etc., le maniérisme est très riche. Par exemple, les cheminées maniéristes sont extraordinaires, ou les portes d'entrée de certains immeubles qui sont des bouches dévorantes, comme au palais Zuccari à Rome. Le maniérisme est une période fascinante, en tout cas pour moi, en particulier du fait qu'elle croit profondément à la puissance de l'art. L'art y est une véritable puissance, il peut apporter des réponses aux inquiétudes ou aux questions que pose le monde. Un des beaux exemples aussi, c'est le thème de la conversion de saint Paul, qui prend une actualité extraordinaire au xvie siècle. Il y a énormément de Conversions de saint Paul représentées à cette époque, et ce n'est pas sans raison. Saint Paul est à la fois un nom de pape — il y a deux papes du nom de Paul au xvie siècle, Paul III et Paul IV, au total il y en a eu six, dont deux en un seul siècle —, et il est en même temps le disciple favori de Luther, qui choisit Paul par rapport à Pierre. Donc, la Conversion de saint Paul est évidemment un message envoyé à Luther : Luther-Paul doit se convertir. Ce qui est très intéressant c'est de voir que cette conversion est traitée de façon assez simple au départ, selon la lettre du texte — saint Paul s'en va à pied vers Damas et tombe aveuglé, etc. —, et progressivement, avec le XVIe siècle, ça devient une bataille immense, un chaos cosmique. La foule de soldats augmente et on a l'impression que c'est au cœur d'une bataille que viendra la conversion de Paul-Luther.

Le XVIe siècle croit à une puissance de l'art, et il n'est pas étonnant que ce soit avec le maniérisme que naisse une véritable théorie moderne de l'art. Il y a une modernité de la théorie maniériste, intéressante dans la mesure où l'art n'est plus seulement conçu comme une imitation visant à la vérité de la représentation, ce qui est encore le cas avec Alberti au XVe siècle, mais comme l'expression d'une idée de l'artiste. C'est tout le thème de l'*idea* de l'artiste, que le Florentin Zuccaro exprimera parfaitement à la fin du siècle avec son apothéose du dessin dans son propre palais romain, et la fameuse formule : *il disegno e un segno di Dio*, « le dessin est un signe de Dieu ». L'esprit de l'artiste est à l'image de l'esprit de Dieu. Cette théorie de la création, Léonard de Vinci est le premier à l'avoir formulée, mais elle devient une sorte de vulgate au XVIe siècle.

Vous comprenez donc ma passion pour le maniérisme, c'est une période foisonnante, mais c'est aussi une période spécifique. Je suis pour un emploi très restreint du terme de maniérisme, car

le maniérisme a un sens si on l'emploie dans des
conditions historiques où il est valide, pertinent.
Par exemple, il ne faut absolument pas confondre
le maniérisme et le baroque. Dire, comme certains le font, que Pontormo est un pré-baroque,
c'est s'empêcher complètement de comprendre
ce peintre. Ce qui distingue le maniérisme du
baroque, entre autres choses, c'est qu'il y a toujours une agitation extrême mais paradoxale dans
le maniérisme, une sorte d'involution du mouvement, tandis que le baroque va reprendre ce
mouvement maniériste pour l'orienter vers un
point, qui sera la solution de tous les problèmes
de l'agitation du mouvement, et ce point est
celui du pouvoir : Dieu, le roi, le pape. Les grands
trompe-l'œil baroques donnent une solution à
l'agitation stérile du maniérisme.

15

Vermeer fin et flou

Pourquoi avoir écrit sur Vermeer alors que je m'occupe plutôt de Renaissance italienne ? Il y a certainement de ma part un goût ancien. Un tableau de lui qui m'a toujours plu, aussi loin que je puisse me rappeler, c'est *La Jeune Fille à la* ill. 34 *perle*, d'une beauté et d'une douceur qui, quand j'avais quinze ans, me rendaient amoureux, de la jeune fille mais pas du tableau, c'était très étrange. J'aime aussi *La Dentellière*, et quand j'ai ill. 35 lu la phrase de Delacroix sur « la silencieuse puissance de la peinture », j'ai curieusement pensé à ce tableau. Outre ce goût ancien pour Vermeer, l'agacement devant certains discours tenus sur sa peinture a renforcé mon désir d'écrire à son sujet. En particulier sur le mystère Vermeer, « le sphinx de Delft » comme on l'avait appelé au XIXe siècle, ce mystère qui autorise certains écrivains ou amateurs à dire n'importe quoi sur sa peinture.

En réalité, on en apprend beaucoup sur l'auteur qui écrit sur Vermeer, mais très peu sur le peintre. Je pense ici à cet auteur américain, par ailleurs tout à fait intéressant, qui veut démontrer que Vermeer avait un grand problème sexuel, et qui en arrive à dire qu'il avait peur des femmes. Or, comment peut-on avoir peur des femmes et faire douze enfants à la sienne ? Je me suis dit qu'il y avait là une appropriation et que c'était l'auteur lui-même qui avait peur des femmes. Ce qui m'agaçait surtout c'était la « réalité réaliste », c'est-à-dire le fameux « réalisme » de la peinture hollandaise, et le « réalisme » de Vermeer. Étant donné que je ne pense pas qu'il y ait de réalisme en peinture, avant Gustave Courbet — il y a autre chose, une peinture de la réalité mais pas de « réalisme » —, j'avais le sentiment que Vermeer n'était absolument pas réaliste. Donc, je me retrouvais avec ma problématique, à savoir comment l'historien que je suis pourrait comprendre et se rapprocher de ce « mystère de Vermeer ». Je voulais comprendre sa singularité, non pas à partir de la mienne mais à partir de son temps. Je voulais aussi trouver quel était l'écart de Vermeer par rapport à ses contemporains, qui fait de lui un peintre hollandais jouissant d'un statut exceptionnel. Il est en effet considéré aujourd'hui comme le plus grand peintre hollandais avec Rembrandt. Entre parenthèses, il est curieux que dans son livre sur la peinture hollandaise, *L'Art de dépeindre*, Svetlana Alpers déclare qu'elle ne peut pas y faire entrer ces deux peintres hollandais. Le bien-fondé d'un livre prétendant nous expliquer ce qu'est la peinture hollandaise et excluant de cette peinture Rembrandt et Vermeer me pose un problème sur la pertinence même de l'hypothèse de Svetlana Alpers.

Concernant Vermeer, si Adam Biro ne m'avait pas heureusement demandé de traduire le livre du professeur américain John Michael Montias, *Vermeer, une biographie*, mon manque de connaissance sur sa période ne m'aurait pas permis d'écrire. Son travail représente vingt-cinq ans de recherches dans les archives hollandaises, et lui a permis de rassembler plus de quatre cents documents concernant Vermeer et sa famille. Le titre anglais, *The Social Web*, fait référence au réseau social installé autour de Vermeer, et dans ce que j'ai lu et traduit de cet énorme bouquin il y avait trois données sur lesquelles je pouvais commencer à réfléchir. Premièrement : Vermeer n'a nullement été un génie méconnu. Les visiteurs étrangers venaient le voir à Delft dans son atelier, et deux ou trois témoignages prouvent qu'ils faisaient même un détour pour rencontrer le *célèbre* Monsieur Vermeer. L'idée du génie méconnu ou inconnu est donc absolument fausse. Deuxième donnée : Vermeer meurt pauvre. Oui, sans doute, mais pour des raisons bien précises — de revenus des terres de sa belle-mère, et non pour des questions de méventes, mais ce serait une longue histoire anecdotique. On sait que Vermeer ne peint pas pour vivre, ce qui est tout à fait rare dans la Hollande du XVIIe siècle puisqu'il y a un marché de l'art réel en Hollande, et que les peintres hollandais vivent de leur peinture. Vermeer, non. Il peint pour peindre. Il fait trois à quatre tableaux par an, ne reprend jamais une formule qui a eu du succès et surtout, quand on vient le voir pour acheter ses tableaux, il n'a rien à vendre ! Il n'en a pas un seul dans son atelier, ils sont tous en dépôt chez les commerçants du coin, car il ne tient pas à les vendre lui-même. Il ne peint donc pas pour vivre et n'accélérera jamais son rythme de peinture pour gagner plus d'argent. Sa production annuelle restera toujours la même. Enfin, troisième donnée, intéressante mais complexe : Vermeer, dans le milieu hollandais protestant, était un catholique. Un catholique converti depuis l'âge de vingt ans, et convaincu, comme le montrent incontestablement les documents rassemblés par Montias. Il a vécu toute sa vie dans ce qu'on appelait « le coin des papistes », où étaient rassemblés les catholiques de Delft. Il ne s'agit pas de dire que la singularité ou la spécificité de Vermeer serait liée à son catholicisme, mais il y avait quand même là quelque chose d'un peu troublant, bien qu'il ne soit pas le seul peintre hollandais catholique.

Avec ces données, il devenait possible de travailler sur Vermeer, et j'ai surtout eu la chance d'aller passer quelque temps à l'Institut d'études avancées de Princeton. Les bibliothèques américaines sont merveilleuses parce que, en quelques mois, on peut combler des lacunes considérables d'ignorance grâce à leurs services universitaires. Là-bas, j'ai lu beaucoup de choses et en particulier la thèse d'Arthur Wheelock, maintenant conservateur à la National Gallery de Washington, qui m'a décidé à écrire sur Vermeer. C'est un des grands spécialistes de Vermeer, qui a donné de très beaux chapitres sur l'emploi qu'il fait de la chambre noire. Il s'agit de la *camera obscura*, cet objet qui permet, avec un verre dépoli, d'avoir déjà représenté en deux dimensions ce qu'on veut peindre. La *camera obscura* était très utilisée dans la Hollande du XVIIe siècle, déjà au XVIe siècle, et Vermeer s'en est servi comme tous les peintres de l'époque. Seulement, ce qu'a remarqué Arthur Wheelock, c'est que Vermeer l'utilise pour en représenter les effets de manière déplacée. C'est très précis : dans une chambre noire mal réglée, vous avez ce qu'on appelle des gouttes de diffusion lumineuse qui apparaissent — un peu comme aujourd'hui avec un appareil photographique lorsqu'il y a un reflet qui forme une tache lumineuse sur la photo. Pour qu'il y ait tache, il faut que la lumière soit projetée sur une surface brillante et très réfléchissante. Il y en a pas mal dans la peinture hollandaise du XVIIᵉ siècle, en particulier chez Vermeer. On parlait de son « pointillisme », mais il se trouve qu'il les peint toujours là où elles ne peuvent apparaître. Par exemple, vous ne pourrez jamais avoir de taches lumineuses sur une miche de pain. Or, regardez *La Laitière*, il y a de très belles taches lumineuses sur la miche de pain au premier plan. Donc, il n'y a aucun réalisme dans son emploi de la chambre noire. Alors pourquoi Vermeer prenait-il la peine d'utiliser une chambre noire mal réglée pour avoir ces effets de diffusion lumineuse, et pourquoi peignait-il l'effet de diffusion lumineuse là où il n'aurait jamais pu l'observer ? Cela méritait qu'on s'y arrête.

ill. 36

Vermeer n'est pas le peintre ingénu que l'on croit, c'est un peintre profondément médité, et il faut regarder. Regarder, regarder, regarder... Je me suis posé deux questions. Tout d'abord, pourquoi un peintre fin, qui peint avec des pinceaux très fins, peint-il flou puisque, précisément, c'est un peintre fin ? Or, Vermeer est un peintre fin, qui peint flou. Curieux. Il fallait que je trouve une réponse à cette question. Ensuite, comment se fait-il que Vermeer interpose toujours des obstacles entre le spectateur et la figure qu'il représente ? Au premier plan de ses tableaux, vous avez très souvent un tapis, une table, une chaise, une tenture, qui font obstacle entre l'objet principal qui est représenté à mi-distance ou au fond, et le regard du spectateur qui ne peut jamais atteindre directement cet objet. Il fallait regarder, essayer de comprendre comment c'était fait, d'autant plus que, comme l'a dit un de ses bons spécialistes, Vermeer n'avait pas d'imagination. Cela signifie que Vermeer n'invente pas un seul sujet original. Il n'y a pas un thème original chez Vermeer, ils sont tous absolument courants dans la peinture hollandaise du XVIIe siècle. L'originalité de Vermeer, sa singularité, est donc évidemment dans la mise en œuvre de cette banalité thématique.

À partir de ces questions, j'ai eu des surprises intéressantes, car c'est seulement en regardant et non par de l'interprétation arbitraire que surgit une cohérence du tableau. Or, très rapidement, deux cohérences principales m'ont semblé surgir. Vermeer peint des scènes d'intérieur, et en ce sens il est banal en tant que peintre hollandais du xviie siècle. Il y a très peu de scènes d'extérieur de Vermeer. Il y a seulement la célèbre *Vue de Delft* et *La Ruelle*, ce qui est très peu par rapport à ses contemporains. Mais dans les scènes d'intérieur, Vermeer peint le dedans du dedans : il y a souvent des fenêtres, et elles sont ouvertes, mais vous ne verrez jamais l'extérieur. Elles sont ouvertes de telle sorte qu'il y a l'extérieur mais qu'on ne le verra jamais. On est dans le dedans du dedans, parce qu'on a ces obstacles visuels au premier plan. On est dans la maison, l'extérieur est évoqué quoique exclu, mais il y a un obstacle entre nous et le personnage. C'est le dedans du dedans. Donc, la problématique ou la tension de Vermeer, à la différence de beaucoup de ses collègues, n'est pas entre le monde privé et le monde public, l'intérieur et l'extérieur, mais entre l'intimité et le privé. À l'intérieur du monde privé. L'intime dans le privé.

La deuxième surprise, très liée à la première, et qui m'a fasciné également, c'est que cette intimité est présentée à la fois comme extrêmement proche et absolument inatteignable. Je peux le dire par les constructions perspectives de Vermeer.

Au xviiᵉ siècle, il était réputé être un maître en
perspective, ce qu'on a oublié par la suite. Tous
les tableaux de Vermeer sont construits, au niveau
de la perspective, de la même façon. La ligne
d'horizon géométrique, qui correspond à notre
œil de spectateur, est extrêmement proche du
niveau de l'œil des figures peintes, mais il est
toujours un peu plus bas. Nous sommes donc au
plus près de la figure peinte, mais nous sommes
très légèrement décalés par rapport à elle, donc
nous sommes tout près de son regard mais nous
ne le partageons pas. Le meilleur exemple, dont
je me suis rendu compte après coup, c'est justement *La Dentellière*. Si vous allez la voir, regar- ill. 35
dez le fil, qui est d'une précision, d'une finesse
extrêmes, mais c'est le seul point précis, tout le
reste étant flou, au premier plan en particulier.
Cela veut dire que nous regardons le fil, comme
la dentellière. Nous regardons la même chose
qu'elle mais comme notre regard est par ailleurs
plus bas que le sien, nous ne voyons pas ce qu'elle
fait. Vous ne verrez jamais la dentelle qu'est en
train de faire la dentellière. Or, c'est exceptionnel, parce que lorsqu'on peint une dentellière en
Hollande au xviiᵉ siècle, c'est pour montrer la
dentelle. Chez Vermeer, on ne la verra jamais.
Nous sommes au plus près de son regard, de son

intimité, mais elle nous échappe. C'est là, à mon avis, que se trouve le ressort du mystère Vermeer. Ce mystère, en fait, est d'abord construit comme un secret, délibérément construit par le peintre, un secret du personnage dont nous sommes les destinataires exclus, et dont le dépositaire est le tableau.

ill. 37   Autre exemple, *La Liseuse*, qui est à Dresde. C'est une jeune femme debout près d'une fenêtre, on voit son visage se refléter dans le carreau, on ne voit rien de l'extérieur. Elle lit une lettre, et au premier plan il y a une table avec un tapis et un panier de fruits qui fait obstacle. Il y a enfin un rideau vert qui va jusqu'à un certain point, c'est banal au XVIIᵉ siècle en Hollande, seulement on a constaté que Vermeer l'avait rajouté. Au départ, il y avait sur le mur le tableau de ce qu'on appelle un « Amour postier », donc un Amour tenant une lettre qui explicitait le contenu de la lettre de la liseuse, c'était donc une lettre d'amour. Puis Vermeer a renoncé à ce qui était trop explicite, il a peint un mur à la place, cachant le tableau, et a tiré un rideau. Ce rideau, jusqu'où va-t-il ? Il l'a tiré jusqu'à l'endroit très précis du point de fuite de la construction géométrique. Or, le point de fuite est la position théorique de notre œil à nous, spectateurs. Donc, ce rideau tiré jusqu'au point de fuite nous indique que nous ne voyons pas tout, que nous voyons du caché.

Maintenant, s'il fallait continuer l'analyse (car ce n'est là qu'une esquisse de ce qu'il y aurait à dire), je dirais que ce mystère n'est pas sans profondeur, sans écho ou sans résonance. Car le mystère de Vermeer se fonde non seulement sur ce secret, mais aussi sur une véritable théorie de la peinture. Vermeer a une théorie de la peinture, extrêmement précise, qu'il m'a fallu du temps pour reconnaître, mais que j'ai à présent bien identifiée. Elle n'a pas été exprimée par Vermeer dans un texte, puisque nous n'en avons pas de lui, mais dans son tableau *L'Art de la peinture*, qu'il nommait lui-même ainsi, et qu'on connaît malheureusement sous le titre de *L'Atelier du peintre*. ill. 38 Il est à Vienne et représente un peintre vu de dos, devant une carte géographique, en train de peindre l'allégorie de l'Histoire. Dans le fond, c'est le peintre et son modèle devant une carte géographique. Si on regarde attentivement ce tableau, si on s'interroge sur sa construction, sa composition et ses enjeux, on constate que Vermeer, peintre hollandais du XVIIᵉ siècle, maintient tout à fait la grande conception de la peinture classique comme peinture d'histoire et peinture de connaissances démontrées.

Comment peut-on dire ça de Vermeer, qui est un peintre d'intérieur ? Eh bien tout d'abord, *L'Art de la peinture*, comme son titre l'indique, est une allégorie pour Vermeer. Ensuite, ce tableau a été peint par Vermeer pour lui-même, il ne l'a jamais montré à personne, et il ne l'a surtout jamais vendu à qui que ce soit, alors qu'on venait le voir pour acheter ses tableaux. C'est un tableau pour lequel sa veuve et sa belle-mère se sont battues de manière à le conserver avec elles, donc un tableau très investi par Vermeer et par sa famille. Or, que voit-on dans ce tableau ? C'est apparemment tout simple : un peintre peignant son modèle. Mais dès qu'on commence à regarder, cela devient plus compliqué, car ce peintre représenté, on ne sait pas qui il est. On a dit que c'était Vermeer, mais comment a-t-il fait pour se peindre de dos ? Rien ne dit que c'est lui. Bien sûr, il a un costume que Vermeer porte dans un autre tableau de jeunesse, mais il se trouve que ce costume est démodé, il a quarante ans d'âge, et on n'en porte plus de ce genre en Hollande à la date du tableau. Et puis, qui me dit que Vermeer n'a pas mis à sa place un ami auquel il fait porter son costume ? Je ne sais donc pas qui est le peintre.

Il y a aussi des anomalies étranges dans le

tableau. Par exemple, le peintre est assis, de dos, en train de peindre l'allégorie de l'Histoire, or si vous visualisez le tableau, ce peintre en est à l'esquisse. Il y a juste un dessin sur le tableau de bois, les premières masses de couleurs sont posées, et il peint avec un appuie-main et le pinceau posé sur la toile. Il se trouve qu'on n'a pas besoin d'appuie-main à ce stade de la peinture, on a besoin de cet instrument à la fin, non au début. Donc, pourquoi un appuie-main à ce moment-là ? Deuxièmement, il y a un dessin qu'on voit très bien sur le panneau, et Vermeer n'a jamais fait un seul dessin préparatoire de ses tableaux. Il n'y a pas de lignes dans les tableaux de Vermeer, même cachées ensuite par la peinture. Donc, ce peintre ne peint pas ce que peint Vermeer, puisqu'il peint une allégorie de l'Histoire, ce que ne fait pas Vermeer, et il ne peint pas non plus comme Vermeer. C'est quand même curieux... Et pourtant c'est Vermeer ! Il y a là un élément extrêmement intéressant, et je dirai encore une fois qu'il faut bien regarder le tableau. Il y a une carte géographique, magnifiquement reproduite mais illisible, parce que la lumière empêche de la voir. On peut lire une seule chose : *Nuova descriptio*, en haut, dans la bande. C'est le titre du tableau, au sens du Moyen Âge, le *titulus*, ce qui, dans le tableau, indique le sens du tableau. Cet *Art de la peinture*, comme l'appelait Vermeer, c'est une *nuova descriptio*, et *descriptio* ça voulait dire peinture. C'est-à-dire que Vermeer a parfaitement conscience que, tout en se situant dans la tradition de la grande peinture d'histoire — d'où la muse de l'Histoire et la carte géographique, parce que la Géographie, comme le disent les gens du XVIIe siècle, c'est l'Histoire mise devant les yeux —, il ne peut plus peindre cette tradition dans la Hollande du XVIIe siècle. En revanche, il fait une *nuova descriptio*. De quoi la peinture de Vermeer est-elle la connaissance démontrée ? De la lumière. L'aspect des choses est le « prospect », aurait dit Poussin, de Vermeer. Le prospect de Vermeer, dans cette optique, c'est l'aspect lumineux des choses. Cette science de la lumière a pour résultat, et c'est un paradoxe magnifique, d'éblouir les connaissances de ce qu'elle montre. C'est-à-dire que quand la carte géographique est éclairée par la lumière, on ne peut plus la lire. C'est normal ! C'est une carte de peinture, une carte à voir et non une carte à lire. Mais cette lumière qui fait voir, et qui éblouit la connaissance de ce qu'elle montre, permet de passer à la métaphysique de la lumière chez Vermeer. On a souvent dit que Vermeer était le peintre de la lumière : oui, et pour cause, il y a une véritable métaphysique de la lumière chez lui, dont l'équivalent, je pense, au point de vue philosophique, se trouve chez Kepler. C'est chez Kepler qu'on trouve l'expression d'une lumière spirituelle, qui est la lumière de Vermeer.

À ce moment-là, la piste s'ouvrait pour moi sur la dimension catholique de Vermeer. Le mystère de Vermeer, c'est en fait à la fois le secret, l'élément construit dans le tableau comme je l'ai dit plus haut, mais aussi le fait que la peinture, dans sa grande tradition catholique, était susceptible de contenir des présences vivantes, mystérieusement, et de faire des miracles. Chez Vermeer, elle ne fait pas de miracles, il s'agit de la possibilité qu'a la peinture d'incarner quelque chose. C'est là, pour moi, que se trouvait la réponse au mystère de Vermeer.

16

Heurs et malheurs
de l'anachronisme

L'anachronisme est vraiment un des aspects les plus intéressants et les plus problématiques pour la réflexion sur l'histoire de l'art aujourd'hui, très précisément parce que l'historien a toujours été anachronique par rapport à son objet. Je dirais que, ces trente dernières années, les conditions de réception des œuvres d'art rendent la question de l'anachronisme de l'historien par rapport à son objet particulièrement intéressante, et même excitante. Un des principes de l'historien est de tenter (je dis bien tenter) d'éviter le plus possible l'anachronisme. C'est une caractéristique de toute histoire, et aucun historien ne se réclamera de l'anachronisme en disant qu'il en fait et qu'il en est fier. Un artiste ou un philosophe en a le droit, c'est même peut-être son devoir que de sortir l'objet du passé, de son temps, pour le faire vivre à partir des questions d'aujourd'hui. L'historien, lui, a cette étrange contrainte, assez excitante intellectuellement, de prétendre tenter d'éviter ce qui est constitutif de sa relation à l'objet.

Un exemple sur l'anachronisme à éviter : dire que Raphaël est un artiste du XVIIIᵉ siècle. C'est une erreur que même un étudiant de premier cycle n'a plus le droit de faire au bout de quinze jours de cours. Un exemple un peu plus complexe : parler de réalisme en peinture avant Courbet me semble un anachronisme grave. La notion de réalisme apparaît dans la langue française seulement au début du XIXᵉ siècle — la première définition du réalisme, c'est la théorie des idées selon Platon. C'est en 1855 que Courbet fonde l'emploi du réalisme dans l'histoire de l'art, avec un contenu précis, qu'il explicite et qui est sa propre théorie : « On me traite de réaliste, eh bien, soyons réalistes ! » Parler alors du réalisme de Giotto, ce qu'on trouve dans un certain nombre de livres en histoire de l'art, c'est à mon avis ne pas comprendre ce peintre. Que Giotto s'intéresse au réel, qu'il en ait une autre conception, un désir de le représenter autrement que ne l'a fait Duccio ou Cimabue, certainement. Mais ce n'est pas du réalisme, ou alors on ne comprendra plus pourquoi Courbet dit qu'il est réaliste et qu'il en est fier.

Un autre exemple à propos des frères Le Nain,

ces grands peintres du XVIIᵉ siècle français : parler de réalisme à leur sujet est particulièrement inadéquat puisque, si vous avez en mémoire quelques-uns de leurs tableaux, ils sont évidemment parfaitement composés selon le principe de la frise de la peinture d'Histoire. Par exemple aussi, dans un intérieur de paysan, vous aurez une table basse tout à fait normale et dessus une très belle nappe blanche avec des plis : irréalisme complet. Le problème, ce n'est pas de dire que les Le Nain sont réalistes, mais plutôt comment ils se situent par rapport à la représentation de la réalité, et pourquoi ils ennoblissent la représentation caravagesque ou flamande du paysan. À ce moment-là, on a une idée de la noblesse du réel chez les Le Nain qui n'a rien à voir avec la notion de réalisme telle qu'on l'emploie en parlant d'eux. D'ailleurs, au départ, quand on les a redécouverts, on parlait de peintres du réel, ce qui était beaucoup plus intéressant.

Encore un exemple qui me tient à cœur : parler de propagande à propos des grands cycles de fresques, des grands décors princiers ou royaux, tels que ceux présents à Versailles, ou encore la galerie François Iᵉʳ à Fontainebleau. Il est vrai qu'à peine sa galerie finie, François Iᵉʳ recevra Charles Quint pour lui montrer qu'il s'est bien

sorti de la prison où celui-ci l'avait enfermé pendant deux ans, et que la puissance du prince
François Ier n'a pas été atteinte par cette séques-
tration. Ce n'est pas de la propagande, c'est un
message politique de prince à prince. La propagande, étymologiquement, veut dire diffuser par
un moyen ou par un autre, audio ou visuel, un
message politique destiné à convaincre un certain
nombre de gens. Je dirais qu'on peut parler de
propagande dans l'histoire de l'art à partir du
moment, par exemple, où les luthériens utilisent
la gravure, la feuille volante, pour diffuser des
images antipontificales. Là, on peut dire qu'il y a
effectivement un véritable travail de propagande
de la part des luthériens. Mais dire qu'un tableau
d'autel ou qu'un cycle de fresques, qui est toujours *in situ*, fait de la propagande, je ne suis pas
d'accord. Pour cela, il faut qu'on le reproduise
sous forme de gravure.

Dernier exemple, d'un anachronisme qui me
gêne beaucoup parce qu'il est très répandu, qui
consiste à faire la psychologie des artistes : la psychologie de Michel-Ange, la psychologie de Léonard de Vinci… Si le mot psychologie a un sens
précis et actuel, moderne, je crois qu'il le prend à
partir de la fin du xviiie siècle. L'un des inventeurs de la psychologie, au sens moderne, est je

crois Rousseau avec *Les Confessions*, qui sont un monument de psychologie, c'est-à-dire l'idée que le comportement et les réactions psychiques d'un individu sont liés à son histoire. Ce sont les conditions narratives et historiques de la constitution de la personnalité. Auparavant, au XVIIᵉ siècle, le mot psychologie qualifiait la science de l'apparition des esprits. Donc, parler de psychologie chez Racine est, je crois, une erreur ! Ce n'est pas que ces gens n'avaient pas une activité psychique ni un psychisme structuré, mais ils n'avaient pas conscience de leur psychisme en fonction de la psychologie, qui apparaît à la fin du XVᵉ siècle et se développe surtout au XIXᵉ siècle. On peut donc faire la psychologie d'un artiste du XIXᵉ siècle parce qu'il se pensait lui-même en termes de psychologie, mais parler de psychologie pour Racine ou pour Michel-Ange et Léonard, c'est passer vraiment à côté de la cible.

Ces gens-là se pensaient eux-mêmes non pas en termes de psychologie, c'est-à-dire de développement historique de la constitution de la personnalité, mais en fonction de tempéraments, d'humeurs, d'astrologie et de caractères, le grand point étant de faire la différence entre le tempérament et le caractère. Le tempérament est cet équilibre que l'on a reçu de la nature et des quatre humeurs constituant aussi bien le microcosme que le macrocosme ; le caractère, c'est la transformation d'un tempérament par l'expérience, mais c'est le tempérament qui demeure la véritable dimension psychique. Quand vous avez une tentative, à la fin du XVIᵉ siècle, de rapporter les formes d'art, les styles de peinture au tempérament des artistes, avec *L'idea del tempio della pittura* de Lomazzo vers 1580, il y a sept gouverneurs de l'art et chacun est gouverné par une planète. Les styles correspondent donc au caractère de la planète. Il me semble me rappeler par exemple que Titien c'est la lune, et son style correspond à l'influence de la lune sur une pratique artistique. Aujourd'hui, des gens pensent que l'astrologie a toujours une dimension explicative ; ils en ont tout à fait le droit, mais disons qu'à présent on a tendance à utiliser l'approche psychologique pour expliquer les formes prises par l'art de tel ou tel. C'est légitime, c'est une approche contemporaine, mais si on veut se demander comment Titien ou comment Michel-Ange ou Léonard pensaient leur propre psyché de manière qu'elle s'exprime dans leur œuvre, la pensée psychologique est un anachronisme qui doit si possible être absolument évité, car avec un problème faussé, nous n'avons pas une bonne réponse.

Enfin, la lutte des classes. L'idée de lutte des classes dans l'histoire de la peinture avant le XIXᵉ siècle est une charmante utopie. Je pense ici au livre d'Arnold Hauser, *L'Histoire sociale de l'art*. Un magnifique livre, splendide, d'une intelligence et d'une culture extraordinaires, mais faux pratiquement de A à Z parce qu'il a imaginé qu'il y avait une lutte des classes au XVᵉ siècle, et que Masaccio représentait la bourgeoisie conquérante par rapport à l'Église. Hélas ! le commanditaire de Masaccio était cardinal, donc… C'est étrange comme la volonté de démontrer qu'on détient la clé de la vérité peut aboutir à des incompréhensions graves.

Cela dit, je maintiens aussi que l'anachronisme est constitutif de la relation de l'historien à son objet. L'histoire du contemporain est un problème très intéressant que je n'aborde pas, mais dès lors qu'on n'est pas un historien du contemporain, on a inévitablement un problème d'anachronisme par rapport à son objet. Je dirais qu'on l'a en particulier en histoire de l'art, du fait que les objets de l'historien de l'art sont concrets, matériels. Qu'il s'agisse de peinture ou de sculpture, l'objet de l'historien de l'art est en lui-même anachronique. Je veux dire par là que tout objet d'art mélange les temps, ce qui est la définition de l'anachronisme.

Tout objet d'art qui a déjà un certain degré d'existence dans l'Histoire, donc la plupart des œuvres d'art, mélange trois temps au minimum. Tout d'abord notre temps, car l'objet est présent ici aujourd'hui. On peut aussi faire l'histoire de l'art d'œuvres disparues, il y a des spécialistes passionnés par cette pratique qui se servent de descriptions par exemple littéraires pour faire l'histoire de l'art. C'est très intéressant, mais ce n'est pas celle qui m'intéresse au premier chef. Le premier temps auquel appartient l'œuvre d'art est donc celui où elle est maintenant, elle est ma contemporaine. On verra que c'est important parce qu'elle agit sur moi, cette présence physique compte. Par exemple, le petit *Jugement de Pâris* de Watteau, qui fait environ trente centimètres sur dix-sept, son aspect minuscule compte pour l'effet qu'il me fait, alors que le grand *Jugement de Pâris* de Rubens, de trois mètres cinquante sur deux mètres cinquante, a un effet physique tout à fait différent. Cette présence contemporaine de l'œuvre est donc essentielle au premier rapport de l'historien à son objet.

Le deuxième temps, à l'inverse, est celui de sa production. L'œuvre a été produite dans un temps du passé, et dans ce temps même du passé, prenons par exemple le XVIIᵉ siècle, elle mélangeait déjà des temps différents. Cela, Focillon l'a très bien dit : dans les grandes œuvres d'art, il y a toujours des temporalités différentes qui se superposent et s'entrelacent. Une grande œuvre d'art mélange à la fois des éléments « avancés » et des éléments « retardataires », selon les termes de Focillon. Francastel a très bien dit cela aussi pour les artistes italiens du XVᵉ siècle. Ils appartiennent à deux systèmes et donc mélangent les deux, à la fois le passé et un présent qui part dans le futur. Donc, dans le temps même de sa production, une œuvre d'art peut très bien mélanger les temps et faire elle-même de l'anachronisme. L'idée d'une pureté du temps linéaire dans l'histoire de l'art n'a pas de sens.

Le troisième temps, qu'il ne faut jamais oublier, est celui qui passe entre les deux, entre le XVᵉ siècle et le XXᵉ siècle, par exemple. Ce temps-là agit, il appartient à l'œuvre d'art de deux façons. Matériellement d'abord, car une œuvre d'art porte la trace du temps qui s'est écoulé entre sa production et sa réception actuelle : les craquelures, la fameuse patine, les vernis, les accidents, les découpes, etc. Et puis, il y a quelque chose de beaucoup plus grave et fascinant, parce que insinuant, subreptice et peut-être même subversif, qui est le temps mental écoulé entre les deux, et le fait que l'œuvre que je vois devant moi, accrochée sur telle paroi de musée ou de galerie d'exposition, même si c'est la première fois que je la vois, ce n'est pas en fait la première fois. Même si je ne suis pas quelqu'un de nécessairement cultivé, je sais déjà — j'en ai entendu causer, comme on dit — qu'il y a eu des regards sur cette œuvre. Et ces regards déposés sur l'œuvre, depuis deux, trois, quatre siècles, contribuent à former et informer mon propre regard.

ill. 4   Je donnerai deux exemples. Le premier, c'est *La Joconde* de Léonard. Plus personne aujourd'hui, d'une culture européenne ou occidentale, ne verra *La Joconde* sans se dire avant même de l'avoir vue, au moment d'entrer dans la salle : « Elle est mystérieuse. » Or, ce mystère date du début du XIXᵉ siècle, quand par une regrettable erreur d'attribution on a cru qu'une tête de Méduse du musée des Offices était de Léonard de Vinci, alors qu'elle était en réalité d'un Flamand du XVIIᵉ siècle. Comme on l'avait attribuée à Vinci, on a fait de *La Méduse* le revers de *La Joconde*, et c'est à ce moment-là qu'elle est devenue mystérieuse, parce qu'elle est devenue un monstre. Derrière ce sourire charmant, il y avait la tête de Méduse. Dès ce moment s'est ouverte entièrement l'interprétation de *La Joconde*, pour notre plus grand bonheur. Mais toute personne devant *La Joconde* se dit qu'elle est mystérieuse, qu'il y a un mystère dans ce tableau, alors que le mystère, à mon avis, c'est de savoir comment diable on a pu voir la Méduse dans *La Joconde* !

L'autre exemple qui m'intéresse beaucoup en ce moment, c'est celui de Botticelli. Il est une icône de l'histoire de la peinture italienne du XVe siècle. Beaucoup de gens, sinon tout le monde, a déjà une idée sur lui avant même de voir un de ses tableaux. Cette idée de la peinture de Botticelli est absolument magnifique, éthérée, avec une sensualité, une douceur, etc. Le problème, c'est que cette image n'est pas du tout celle qu'on avait au XVe siècle. On a heureusement un texte qui décrit les quatre plus grands peintres vivants à Florence en 1493 : le Pérugin, Filippino Lippi, Botticelli, et un dernier que j'ai oublié. Or, ce qui caractérise Botticelli pour la fin du XVe siècle, ce n'est pas du tout sa douceur, sa sensualité érotique, sa distinction, c'est son air viril ! Botticelli est un peintre à l'*aria virile*. Botticelli viril ? Aujourd'hui, on en pense tout le contraire ! Mais entre le Botticelli du XVe siècle et nous, il y a eu un oubli de quatre siècles, ce qui mérite d'être noté.

Il n'était pas considéré comme un des peintres les
plus intéressants au début du XVIIᵉ par les Toscans
eux-mêmes, puisqu'ils autorisaient son exporta-
tion alors qu'ils interdisaient celle de Filippino
Lippi. Au début du XVIIᵉ siècle, Filippino Lippi
est effectivement beaucoup plus important que
Botticelli pour le grand-duc de Toscane. On a
redécouvert celui-ci avec les Symbolistes et les Pré-
raphaélites. Donc, le Botticelli que nous avons en
tête sans le savoir est un Botticelli symboliste
et/ou préraphaélite.

C'est un des points de l'histoire de l'art que je
trouve personnellement les plus passionnants, ce
qu'on appelle parfois la fortune critique. Mais la
fortune critique est trop fondée sur les textes, le
commentaire, ce qu'on a dit des artistes. Un des
aspects fascinants de l'histoire de l'art, et de l'anachronisme en histoire de l'art, c'est d'essayer de
prendre conscience de ce qui structure anachroni-
quement mon regard, non pas seulement aujour-
d'hui, mais à travers l'Histoire même, la durée
qui sépare le temps de la production de l'œuvre
(que je place cette fois en premier, avec tous les
mélanges de temps que ça peut impliquer), et le
temps de ma réception (le troisième). Entre les
deux, il y a cette durée dans laquelle il s'est passé
beaucoup de choses mentales, une histoire du

regard. Je pense que cette histoire du regard est aussi une des dimensions que devrait se donner l'histoire de l'art : faire une histoire du regard, avec toutes les pratiques qu'il implique, parce que le regard touche. Le regard touche les œuvres, et la preuve en est qu'on les a découpées, on les a repeintes, brûlées, etc., parce que le regard peut toucher et être touché.

Cet anachronisme-là est un des points selon moi les plus intéressants et qui fait justement qu'il est légitime que l'historien, non seulement se pose la question de l'anachronisme, mais d'une certaine manière se situe par rapport à l'anachronisme de l'œuvre elle-même. L'anachronisme, c'est celui de l'historien, mais c'est aussi celui de l'œuvre, qui mélange les temps et les durées de l'Histoire.

17

Éloge paradoxal
de Michel Foucault
à travers « Les Ménines »

Je crois qu'il faut tenter d'éviter l'anachronisme, mais il faut être aussi conscient qu'il est
inévitable, car inscrit dans l'œuvre elle-même par
ce mélange des trois temps que j'ai évoqué. Le
supprimer est impossible, on peut le corriger et
ensuite l'exploiter.

Quelle méthode utiliser ? Il y a les lectures
permettant de connaître l'iconographie, les commanditaires, l'histoire des techniques, tous ces
éléments qui, extérieurs à l'œuvre, la situent dans
ses conditions historiques de production. C'est une
sorte de méthode, et il y a des instruments qui se
sont perfectionnés. On peut faire de la mauvaise
iconographie, en se trompant, cela montre bien
qu'il y a une bonne méthode iconographique.
J'aime bien cette discipline, même si je pense
qu'elle ne fait qu'épeler le tableau et ne pourra
jamais l'interpréter. Il n'en reste pas moins que
sans iconographie, on passera à côté d'éléments

indispensables à la compréhension d'un tableau. Si l'on prend par exemple une Annonciation pour une Visitation, ou une Annonciation pour Napoléon au pont d'Arcole, on n'a aucune chance de pouvoir comprendre une *Annonciation* de Léonard de Vinci !

Comment, à part cela, tenter de corriger un anachronisme ? Je ne crois pas qu'il y ait de méthode générale. Le terme, je le reprends à Paul Veyne dans son livre *Comment on écrit l'Histoire*, c'est la familiarité. La familiarité avec la culture d'une époque, ses pratiques sociales, ce qui y était possible, vraisemblable. Il ne s'agit pas de dire que c'était vrai, mais à force de lire et relire, de regarder, d'avoir lu des choses extrêmement diverses, sans retrouver jamais l'état d'esprit du Quattrocento ou du XVIᵉ siècle, on aura tout de même une plus grande familiarité avec ce que ces gens avaient l'habitude de penser, de voir dans une œuvre. Je pense, tout comme Paul Veyne, que cette familiarité est un des meilleurs correctifs à l'anachronisme constitutif de notre relation avec les œuvres d'art.

L'anachronisme de la relation de l'historien à son objet, il faut tenter de l'éviter, de le corriger, il faut surtout tenter de l'exploiter. C'est là une position paradoxale par rapport à celle de beaucoup d'historiens ayant une conception tradition-

nelle de l'histoire de l'art : exploiter l'anachronisme dans lequel je me trouve en tant qu'historien du début du XXIᵉ siècle par rapport à une
œuvre du début ou de la fin du XVIᵉ siècle. Cet
anachronisme constitutif de ma relation, qu'il
soit matériel ou mental, peut aboutir à des résultats, théoriques d'un côté, historiques de l'autre,
extrêmement intéressants et même fructueux.

Je vais prendre un exemple célèbre, celui des
Ménines de Velázquez, et du fameux texte que lui ill. 39
a consacré Michel Foucault, en préface de son livre
séminal *Les Mots et les Choses*, qui date de 1966.
Ce livre, vous le savez, est une archéologie du
savoir : l'épistémé et la Renaissance, puis le passage à l'âge classique et à la représentation classique, avec le « Je pense » qui doit pouvoir
accompagner toute représentation… Michel Foucault met en exergue de cette réflexion *Les Ménines*
de Velázquez qu'il qualifie, après une magnifique
analyse, de « représentation de la représentation
classique ». C'est un texte célèbre, fondamental,
splendide, qu'il faut lire et relire même si on l'a
lu il y a vingt ans. C'est un modèle d'intelligence,
de description et d'élégance d'écriture. C'est en
même temps un texte historiquement faux.

Il est inconcevable que le tableau ait pu être
pensé comme Michel Foucault l'écrit, ou produit

avec une telle pensée au moment où il a été peint par Velázquez. Et pour une simple raison : tout le système de Michel Foucault repose (je cite de mémoire) sur le miroir bien sûr, qui est au fond des *Ménines* et qui reflète le portrait du roi et de la reine que le peintre est supposément en train de peindre. On se rappelle que dans *Les Ménines*, Velázquez nous regarde, face au tableau, avec sur sa droite de son point de vue, à gauche pour nous, le revers d'une toile qui a apparemment les mêmes dimensions que celle que nous regardons. Dans la salle vous avez l'Infante, avec un groupe de suivantes, d'où le titre *Les Ménines*, dans une pièce éclairée par des fenêtres sur notre droite. Sur le mur du fond, à peu près au centre du tableau, parmi d'autres peintures accrochées au mur que l'on distingue mal, un miroir où se reflètent le roi et la reine d'Espagne. Velázquez est donc supposé être en train de les peindre. La lecture du tableau par Foucault se fonde sur l'hypothèse qu'il faut feindre que nous ne savons pas ce qui se reflète dans ce miroir. Or, historiquement, c'est absolument impossible puisque ce tableau a été peint à la demande du roi d'Espagne, et destiné à son bureau privé. Je ne peux pas imaginer le roi d'Espagne faisant semblant de ne pas savoir que c'est lui qui se reflète dans le miroir du fond. Je trouve très intéressant ce qu'a fait Foucault, parce qu'il a « démocratisé » *Les Ménines*. Il a regardé *Les Ménines* telles qu'elles sont accrochées dans un musée. Effectivement, je peux feindre de croire que c'est moi, spectateur, qui me reflète dans le miroir. Non. C'est le roi dans son bureau d'été, et il était seul spectateur. Le roi a été peint au fond du tableau dans un miroir, mais il était aussi le destinataire du tableau. Donc, l'idée que l'on peut feindre de ne pas savoir ce qui se reflète dans le miroir est historiquement fausse.

Et pourtant, cet anachronisme de *Ménines* démocratiques, muséales, a été extraordinairement producteur non seulement du texte de Foucault, mais aussi d'un débat théorique interminable sur *Les Ménines*, parce que Foucault a lancé une telle machine théorique que, maintenant, toute personne ayant envie de faire une théorie de la peinture va être obligée, à un moment ou à un autre, de s'intéresser aux *Ménines*. Il a aussi lancé tout un débat sur la conception de la perspective des *Ménines* : où étaient placés le peintre, le spectateur, etc. Il y a une masse très importante de textes sur ce sujet. Surtout, le texte de Foucault a le mérite considérable d'avoir obligé les historiens de l'art traditionnels à faire attention aux *Ménines*. Pour pouvoir se débarrasser de l'explication de

Michel Foucault, magnifique mais historiquement erronée, ils ont dû faire un immense travail dans les archives pour comprendre ce qu'était ce tableau. Comment répondre à un texte aussi fort que celui de Foucault sinon par une étude de documents et d'archives permettant de reconstituer la culture, les pratiques sociales du tableau ? Voilà donc un effet très intéressant de l'anachronisme de Foucault, tant au niveau théorique qu'au niveau de la production historique sur *Les Ménines*.

Ce qui est aussi intéressant avec ce texte, c'est qu'il n'est pas complètement arbitraire. Il y a effectivement un piège dans *Les Ménines*, mais un piège dont Velázquez n'est pas lui-même l'auteur. Voilà l'occasion de développer une phrase d'Hubert Damisch que j'aime beaucoup : « La peinture ça ne montre pas seulement, ça pense. » Il se trouve que *Les Ménines*, telles que nous les voyons aujourd'hui, pensent toutes seules, et indépendamment de ce qu'a pensé faire Velázquez. Car ce que ne savait pas Foucault et qu'il ne pouvait pas savoir, on ne s'en est rendu compte que lors de la dernière restauration des *Ménines*, c'est que le tableau que nous voyons aujourd'hui est en fait le résultat de deux tableaux superposés. Dans la première version, vue par radiographie, il n'y avait pas le peintre en train de peindre. Il y avait le miroir, un grand rideau rouge, et un jeune garçon tendant vraisemblablement un bâton de commandement à l'Infante, qui était à ce moment-là juste au centre du tableau. C'était donc un tableau dynastique très clair. Il y avait l'Infante, héritière du trône, et ce miroir au fond comme présence auratique du roi et de la reine comme fondateurs de cette lignée dynastique. Cette composition entrait de manière très intelligente dans le programme politique d'un tableau dynastique. Et puis, quelques années plus tard, un héritier est né, Prospero. Le trône est bien sûr revenu à l'héritier mâle et non plus à l'héritier femme. La version dynastique du tableau ne valait donc plus, et c'est à ce moment-là que Velázquez, à la demande du roi, a changé la partie gauche du tableau (pour nous), en enlevant le jeune homme qui tend le bâton de commandement, et s'est peint lui-même en train de peindre supposément le roi et la reine qui sont au fond. Le miroir avait changé de fonction tout en gardant la même, car le roi et la reine demeuraient ces êtres mystérieux, le sujet absolu, comme le dit je crois Louis Marin, dont la présence est à la fois l'origine de toute la représentation et en même temps incertifiable dans la représentation.

Il n'y a en fait jamais eu de tableau commun

du roi et de la reine, contrairement à ce que prétend Velázquez. Les archivistes et les historiens en ont cherché sans succès. Quand il y a un couple, ce sont deux tableaux séparés en pendants. Velázquez n'est pas en train de peindre le roi et la reine. En s'ajoutant au tableau, il a fait une fiction courtisane selon laquelle, et c'est la deuxième version du tableau, il était en train de peindre le roi et la reine quand l'Infante est arrivée dans la pièce. Voilà l'anecdote que suggère le tableau. Mais, à partir du moment où le miroir qui est au fond a une fonction extrêmement précise dans la première version du tableau (la version dynastique), ce miroir changeait de fonction, devenait anecdotique et courtisan, mais gardait cependant sa fonction dynastique dans la deuxième version. Le tableau devient ainsi insoluble, parce que le miroir, objet central, change apparemment de fonction tout en la gardant. L'analyse de Foucault, historiquement fausse, devient donc parfaitement légitime si l'on fait profondément l'histoire du tableau. Sans savoir l'histoire détaillée du tableau, Foucault a mis le doigt sur ce qui est à mon avis le piège maximum du tableau *Les Ménines* : Velázquez ne respecte pas le principe de base de la peinture classique énoncé par Alberti au xve siècle, à savoir que le peintre n'a affaire qu'avec ce qui se voit. Il représente ce qui se voit sous la lumière du soleil, dit aussi Poussin au xviie siècle. En peignant le roi et la reine dans un tableau dynastique au départ, puis en les mettant comme sujets supposés de la représentation dans la deuxième version, Velázquez a joué à l'apprenti sorcier. Le roi et la reine ne peuvent pas être là où ils deviendraient anecdotiquement des modèles en train d'être peints. Hélas, il n'y avait jamais de séances de pose à la cour d'Espagne. Hélas, il n'y a pas de tableau double du roi et de la reine en couple. Le tableau lui-même propose donc une énigme insoluble.

C'est grâce à Foucault que l'on peut s'interroger de cette façon sur le tableau. Il est évidemment dangereux de vouloir trouver dans un tableau du xviie siècle ce qui légitime l'interprétation du philosophe du xxe siècle : le philosophe se trompe mais il a raison. Cela peut être charmant, brillant et intéressant, mais aussi arbitraire et dangereux. On peut toujours tout démontrer, il suffit de bien parler pour ce faire. L'historien inévitablement réagit. En tant que tel, je ne peux pas chercher à mettre l'histoire au service de l'anachronisme. Il faut cependant le faire de temps en temps, car c'est ainsi que l'histoire de l'art s'est faite. Je parle ici de l'histoire de l'art des artistes eux-mêmes. Dès lors qu'ils regardent les œuvres du passé, ils n'ont que faire des catégories de l'histoire de l'art. Ils se les approprient, comme Foucault avec *Les Ménines*. Dans le fond, Foucault a réagi en artiste, en philosophe artiste, d'une certaine manière. Ce ne sont pas des historiens qui ont fait l'histoire de l'art au sens de succession des œuvres dans l'histoire, ce sont bien les artistes, qui ont regardé les œuvres du passé et se les sont appropriées en fonction de leurs propres souhaits, de leurs propres recherches et de leurs propres interrogations. Et cette pratique historienne de l'anachronisme contrôlé, qui va de Foucault aux *Ménines*, ou de Manet à Titien pour voir comment la *Vénus d'Urbin* peut légitimer l'*Olympia*, est une porte passionnante qui s'ouvre à l'histoire de l'art, et à la réflexion sur ce qu'est l'Histoire. Car celle-ci n'existe pas en dehors des gens qui en font le récit.

Je crois qu'il existe une distinction en allemand entre « *Geschichte* », le récit, et « *Historie* », la succession des faits. L'anachronisme est dans la « *Geschichte* », puisque c'est le récit de faits passés, mais aussi en ce qui concerne l'histoire de l'art, dans l'« *Historie* », parce que les artistes se sont régulièrement approprié les œuvres du passé à leur fin propre. Ils en font ce que bon leur semble pour leur propre fin. C'est pour cela que j'aime beaucoup la phrase d'Hubert Damisch que je citais plus haut. Il a dit aussi : « La peinture a son poids de peinture. »

La peinture est un objet historique produit à un certain moment dans des conditions précises, mais la pensée de la peinture peut aller au-delà des conditions historiques de la pensée de son temps. Vous remarquerez par exemple que sur les pochettes de disque, pour illustrer une musique du XVIIIe siècle, on mettait très souvent des tableaux du XVIe siècle. J'ai été frappé par ce décalage, que je vais essayer d'expliquer. La peinture n'ayant pas à conceptualiser, à verbaliser son contenu, elle se veut seulement une représentation du visible, une imitation, mais elle peut aussi par cette représentation du visible aller autrement que les concepts du temps. Elle n'est pas obligée de représenter les concepts du temps ; elle le peut, mais comme elle n'est pas verbalisée, elle peut figurer autre chose que ce qui se conceptualise à l'époque.

Je prendrai un seul exemple, dont nous avons déjà parlé, qui est celui de la perspective, et du point de fuite où se rejoignent les lignes de fuite. Ce point de fuite, nous savons qu'il est situé à l'infini, parce que les parallèles se rejoignent à l'infini. Dans cette optique, la perspective nous montrerait l'Infini. Oui, elle nous le montre, mais il faut rappeler que l'Infini n'était pas pensable à l'époque. Quelques individus pensaient que l'univers pouvait être infini, mais ce n'était pas un concept courant, et certainement pas celui des peintres de la perspective, ni celui d'Alberti qui en était le théoricien. Que se passe-t-il, dès lors que la peinture nous montre en acte l'Infini des lignes de fuite se rejoignant au point de fuite, alors que cet infini est impensable à l'époque où la perspective se fonde comme technique de représentation ? Les peintres, ou Alberti ou même Nicolas de Cues, grand théoricien du monde indéfini, n'ont pas l'idée de l'infini en acte, mais la peinture le montre par ses propres moyens non conceptuels, et le pense. Cela fait de la peinture un objet parfois anachronique par rapport à son temps. Effectivement, les lignes de fuite se rejoignent à l'Infini, or, au xve siècle l'Infini n'est pas pensable par la société contemporaine. La peinture est donc anachronique par rapport à son propre temps. Elle ne se contente pas de montrer, elle pense, non par des concepts mais par des figures.

18

De Manet à Titien

Et si au lieu de suivre le cours de l'histoire de l'art allant par exemple de Titien à Manet, on allait plutôt de Manet à Titien ? On peut jouer la carte de l'anachronisme de cette façon-là. Je le dis par allusion précise à un tableau très connu de Manet, la fameuse et scandaleuse *Olympia*, direc- ill. 40
tement inspirée de la *Vénus d'Urbin* de Titien, ill. 5
peinte en 1538, trois cents ans plus tôt, et exposée alors à la Tribune des Offices de Florence. Je me suis longtemps demandé pourquoi, parmi la multitude de nus féminins couchés peints dans la peinture occidentale depuis trois siècles, Manet avait choisi celui-là pour en faire le point de départ d'*Olympia*, par ailleurs une des œuvres fondatrices de la modernité en peinture. C'est extraordinaire, d'autant plus que la *Vénus d'Urbin* est un tableau connu puisque exposé, mais il n'est pas le tableau le plus admiré de Titien. Comment passe-t-on de Manet à Titien ? Il ne s'agit pas de retrouver le

regard de Manet, on ne l'aura jamais, mais en tant qu'historien on peut essayer d'approcher l'histoire de la peinture par le biais du regard que les artistes eux-mêmes ont posé sur la peinture. Il faut dire encore une fois que ce sont les artistes qui ont fait l'histoire de l'art en dehors des catégories de l'histoire de l'art. Comment l'historien peut-il faire, sachant au départ que Manet, une dizaine d'années avant *Olympia*, a fait une minuscule copie de la *Vénus d'Urbin*, qui deviendra *Olympia* ? Cette filiation n'est donc pas une invention d'historiens, Manet lui-même en donne la trace.

On peut dire beaucoup de choses sur Manet si on est poète ou philosophe, mais l'historien que je suis a préféré chercher à comprendre comment fonctionnait le tableau de Titien en oubliant un moment Manet. Il me fallait trouver comment fonctionne la *Vénus d'Urbin* pour comprendre ce qui a pu attirer Manet. Le tableau m'a gratifié de cette question en m'apportant un grand nombre de réponses.

Il faut rappeler que Titien est un des plus grands peintres de nus féminins de la Renaissance vénitienne, et ce sera un de ses titres de gloire. Le nombre de nus féminins qu'il peint et celui que son atelier copie sont considérables. Il est l'un des grands inventeurs du nu féminin européen. Or, la *Vénus d'Urbin* est son premier nu féminin couché et il la peint à l'âge de cinquante ans. C'est donc un tableau extrêmement médité, pour répondre à une commande précise. Titien lui-même revient à un tableau antérieur de trente ans, *La Vénus de Dresde*, de Giorgione, qu'il choisit de mettre à l'intérieur d'un palais alors que l'original est dans un paysage. Je me suis demandé quelle était la relation entre la figure couchée et le palais. Je vais décrire rapidement le tableau. Je crois qu'il fait un mètre soixante de large sur un mètre vingt de haut. Au premier plan de l'image il présente une ravissante jeune femme nue, la tête sur notre gauche. À ses pieds, un chien dort. Elle est étendue sur un lit dont le drap est légèrement relevé sous son bras droit, sur lequel elle prend appui pour qu'on voie les deux matelas rouges de son lit. À l'arrière-plan, dans la moitié gauche du tableau, il y a un pan de peinture noire avec un rideau vert noué. Dans la moitié supérieure droite, vous avez une salle de palais avec un dallage en perspective, des tentures au mur, et deux servantes qui s'affairent auprès d'un coffre ouvert. L'une d'elles est à genoux, la tête penchée dans le coffre, et la seconde est debout et porte sur son bras la robe de Vénus. À côté, vous avez une fenêtre sur le rebord de laquelle est posé un pot de myrte, avec une colonne, la nature, et le ciel qui jouxte la partie noire supérieure gauche.

J'avais lu Lomazzo qui disait que la grande force de Titien était la *concatenazione dei spazi*, « l'enchaînement des espaces ». J'avais en tête ce texte de 1583, parlant de Titien, peintre lunaire. Je me suis demandé comment étaient liés les deux espaces : le lit où est la jeune femme et l'arrière-plan avec la salle de palais et la perspective. Il m'a fallu du temps pour voir que ces deux espaces ne sont pas liés. Ils sont juxtaposés. D'ailleurs, ce ne sont pas deux espaces mais deux lieux. Il y a le lieu du lit, avec la jeune femme nue, le chien endormi, le bracelet, les roses, et il y a le deuxième plan, dont la moitié est un pan de peinture noire. Panofsky, grand spécialiste de Titien, décrit ainsi le passage de l'un à l'autre : il y a d'un côté le rideau, qui sépare le lit du premier plan de la salle de l'arrière-plan, puis le bord du pavement, qui sépare le lit du pavement en perspective. Or, la séparation entre les deux plans se fait par un pan de mur noir dont la ligne est absolument verticale. Il n'y a aucune déformation qui pourrait être celle d'un pli de rideau. Il n'y a aucune épaisseur, c'est noir, et la ligne de séparation entre écran noir et salle vient juste à l'aplomb du sexe de Vénus, au premier plan. Et le bord de pavement qui articulerait le lit à la salle d'arrière-plan suppose que la pièce du palais est à deux niveaux. Cela voudrait dire qu'il y a une marche pour passer du lit de Vénus à la salle avec les servantes. Je ne connais pas, personnellement, de palais vénitien qui serait en « duplex ». Cela n'existe pas. De même que je ne connais pas de rideau qui tombe sans faire un pli, si j'ose dire, à l'aplomb du sexe de Vénus.

L'idée qui m'est venue, la réponse, c'est qu'il ne s'agit ni d'un bord de rideau ni d'un bord de pavement, mais simplement de deux bords de représentation : celui de la salle et celui de l'écran noir. Il n'y a donc pas de lien entre ces deux espaces, car si je commençais à vouloir penser le lien entre le lit et l'arrière-plan, je serais obligé de dire que Vénus dort dans un palais vénitien sur deux matelas à même le sol. Cela serait absurde, car les lits de l'époque étaient surélevés, on y montait par des coffres qui formaient des marches. Or, ici, le lit donne l'impression d'être rabaissé, il n'est donc pas question de dire que Vénus est *dans* un palais vénitien. Un auteur vénitien, Speroni, écrit en 1537 dans les *Dialoghi d'amore* que « Titien peint le paradis de nos corps », et il pense entre autres à la *Vénus* de Titien qui est en cours de réalisation à l'époque. Il y a donc ce corps magnifique, paradisiaque, de jeune femme nue au premier plan, et à côté, dans le fond, il y a un tableau dans le tableau, qui est celui de la salle avec les deux servantes. Cette salle nous donne notre place par rapport au tableau, puisqu'il y a une perspective. La conclusion à laquelle j'avais abouti est que le corps de Vénus se trouve entre deux espaces. D'une part, la salle peinte au fond avec la perspective et les deux servantes près du coffre, espace qui, par la perspective géométrique, donne au spectateur une position précise dans le tableau, c'est-à-dire en face du tableau. D'autre part, l'espace réel où je me trouve pour observer ce tableau. Le corps lui-même n'occupe aucun espace défini, si ce n'est la toile. Le lieu du corps de Vénus, c'est la toile du tableau de Titien. Elle n'occupe pas d'autre espace que celui-là. Son lieu, c'est la surface de la toile.

J'en étais arrivé à ce point de l'analyse du tableau de Titien, et je dois dire qu'elle est tellement fascinante que j'avais oublié Manet ! J'ai lu ensuite le livre de l'historien américain Michael Fried consacré à Manet, dont le titre anglais est *The Facingness of Painting*, le fait que la peinture fait face*. Pour lui, le propre de la modernité de

---

* Michael Fried, *Le modernisme de Manet*, trad. fr. de Claire Brunet, Paris, Éditions Gallimard, 2000.

la peinture de Manet est que, désormais, tout le tableau fait face au spectateur : il est une surface qui regarde le spectateur. D'où les critiques que l'on faisait à Manet dans les années 1860, lui reprochant effectivement de peindre avec autant d'attention un chapeau et un visage. Dans *Olympia*, le bouquet de fleurs de la servante noire fait tout autant face au spectateur qu'*Olympia* qui regarde. À cette lecture, je me suis dit que je comprenais ce que Manet a vu dans la *Vénus d'Urbin*, et pourquoi il a été chercher ce nu-là, qui n'est pas le plus somptueux de Titien, mais sans doute le plus théorique.

On a demandé à Titien de peindre une femme nue, le titre de la commande est *La Donna nuda*, il peint donc une femme nue, et le lieu de cette femme nue est la peinture elle-même. Quel lieu occupe-t-elle ? La surface du tableau. Que fait-elle depuis cette surface ? Elle nous regarde. Effectivement, son regard étant perpendiculaire au plan du tableau, on a l'impression constante que la *Vénus d'Urbin* nous regarde, où qu'on soit. Sans avoir besoin de faire comme moi ce détour par l'Histoire, Manet avait perçu l'opération même de Titien, qui consistait à faire que le nu n'ait pas d'autre lieu que la surface de la toile. Dès le xviie siècle, Boschini disait d'ailleurs de Titien

qu'il préparait la peinture comme un lit. Effectivement, ce lit est la toile elle-même. Je suis
désormais persuadé que c'est ce qu'a vu Manet, et
que c'est pour cela qu'il a choisi ce tableau et non
pas la *Maya nue* de Goya, ou la *Danaé* de Titien
ou encore un nu de Rubens, mais la *Vénus d'Urbin* de Titien, son premier nu, où est faite l'opération théorique de la naissance du nu féminin.
Manet l'a vu, et se l'est approprié au point de le
démontrer.

Car si vous regardez l'*Olympia* en pensant à
Titien, vous verrez que le schéma est le même. Il
a remplacé le chien par un chat. Mais, point plus
précis, j'avais remarqué précédemment que la
séparation verticale noire entre la partie gauche
où se trouvent le corps, les seins, la tête de Vénus,
et la partie droite où se trouvent les deux servantes, est une ligne absolument rectiligne qui
tombe à l'aplomb exact du sexe de Vénus. Dans
l'*Olympia*, on voit que cette ligne est présente,
mais que Manet a pris le soin de la décaler légèrement sur la droite, par rapport au sexe et à la
main d'*Olympia*. Il a mis en surface ce qui était
dans le tableau de Titien, c'est-à-dire le point de
concentration de notre regard, l'articulation entre
premier plan et arrière-plan et le sexe de Vénus.
Il a, en termes modernes, accentué la planéité de

la peinture. Alors que Titien jouait encore sur la profondeur, et que la planéité se jouait entre deux espaces. Manet s'approprie le tableau et il en fait un des actes de naissance de la planéité en peinture. Car, comme l'a très justement dit Michael Fried, une peinture est d'abord faite pour être regardée, et ça nous regarde à partir de toute la surface du tableau.

Voilà une approche anachronique. Je suis parti de Manet pour arriver à Titien, j'ai ensuite oublié Manet pour me consacrer à Titien, pour revenir vers Manet, et mieux comprendre ce qu'il avait essayé de voir. Il y a là une autre possibilité pour l'histoire de l'art d'essayer de se rapprocher des processus historiques qui font que les œuvres apparaissent à un moment donné. Ce n'est pas pour rien que Manet est allé voir la *Vénus d'Urbin*. Qu'y avait-il dans ce tableau qui légitimait l'anachronisme de Manet ? L'artiste est naturellement anachronique, il s'approprie les œuvres du passé et c'est son devoir. S'il se contentait de les copier et de les citer respectueusement, il serait académique. Le propre du créateur est de s'approprier le passé pour le transformer, le digérer, et en donner un autre résultat. Cet angle de réflexion du point de vue des artistes est, pour l'historien de l'art, une bonne manière de s'interroger sur les limites de sa propre discipline. Les artistes nous apprennent à voir. Il ne s'agit pas d'imaginer qu'on va retrouver le regard de l'artiste, mais on peut s'interroger sur la façon dont une œuvre peut suggérer un regard tout à fait inattendu, singulier, personnel, appropriateur, de tel artiste sur tel artiste du passé. Dès lors que ce regard est celui d'un grand artiste, il va nous apprendre beaucoup de choses sur l'œuvre du passé. Il faut cependant, en tant qu'historien, réussir à déchiffrer cette œuvre à l'intérieur de son temps. Il ne s'agit pas de se contenter de repérer ce que, par exemple, Manet a vu. Il faut d'abord comprendre comment Titien lui-même a construit son tableau.

Une expérience analogue s'est récemment produite pour moi, lors de l'exposition au Louvre des dessins de Léonard de Vinci. L'artiste contemporain James Coleman intervenait en tant qu'invité. Il s'est contenté d'utiliser cinq séries d'écrans de moniteurs, une intervention extrêmement économe, énigmatique, puisqu'il ne fait que reproduire sur des écrans des dessins de Léonard de Vinci absents de l'exposition. Sont présentées aussi à la fin une peinture et *La Dernière Cène* en dimension réelle et en couleurs. Cette installation a dû déconcerter les visiteurs de l'exposition. À quoi bon faire appel à un artiste contemporain si c'est pour qu'il nous montre des reproductions de Léonard de Vinci sur de minuscules écrans de huit centimètres sur six, d'ailleurs de mêmes dimensions que les dessins de Léonard de Vinci ? Il est vrai que Coleman voulait qu'on s'interroge sur son regard, et sur la disposition des œuvres, le parcours transversal qui s'opérait dans l'exposition, et le choix de ces cinq œuvres dans l'immense production de Léonard, absentes de l'exposition. Et si l'on commence à s'interroger sur les chemins de traverse, sur les appropriations de Coleman, très respectueuses mais appropriations tout de même, des œuvres de Léonard de Vinci, un autre Léonard surgit que celui présenté par l'exposition elle-même. Car celle-ci est excellente, mais tout à fait traditionnelle. Elle suit un fil chronologique et thématique : il y a les Vierges, les allégories, les architectures, les portraits... Une classification très opératoire et traditionnelle de l'histoire de l'art. Coleman intervient obliquement pour ouvrir ces catégories grâce à son regard d'artiste. Le Léonard qu'il fait surgir est beaucoup plus ouvert que celui que préparait la structure de l'exposition. Je crois que l'histoire de l'art a beaucoup à apprendre du regard des artistes.

19

On y voit de moins en moins

La façon dont l'époque contemporaine nous invite à regarder les œuvres d'art est très certainement l'une des plus grandes causes de l'anachronisme de l'historien par rapport à son objet. Il faut être conscient de cette situation et l'exploiter. Les conditions actuelles de visibilité des œuvres d'art n'ont évidemment plus rien à voir avec celles de ces mêmes œuvres dans le passé. D'une manière générale, je dirais que ces œuvres se sont rapprochées de nous.

Par exemple, je pense en particulier à l'Italie, mais la chose est vraie en France aussi, une église n'est pas un lieu très lumineux. On ne voit pas très bien les images, les tableaux d'autel, les fresques qui sont au mur. Désormais, il suffit d'introduire une pièce d'un ou deux euros, et vous aurez droit à environ quarante secondes pour voir ces fresques bien éclairées. Le plaisir sera tel que vous remettrez une pièce ! Pourtant, il est sûr qu'elles n'étaient pas faites pour être vues comme cela. Il y a là un point qui m'intéresse beaucoup. Que faisaient donc ces artistes qui allaient peindre à huit ou quinze mètres de haut d'admirables moments de peinture invisibles pour les gens qui étaient dans l'église ? Il vous suffit d'aller à l'église de Santa Croce, à Florence, pour vous rendre compte que vous êtes mis dans les conditions de ne pas voir l'*Histoire de la croix* de Taddeo Gaddi, peinte dans le chœur, parce que les franciscains de Florence ne veulent pas qu'on y pénètre. Mais là, au moins, vous êtes dans les conditions historiques de perception et vous n'y voyez rien, alors vous renoncez à regarder les fresques, et vous achetez les belles reproductions en couleurs de Taddeo Gaddi.

Cela m'amène au deuxième point. Aujourd'hui, non seulement les fresques nous sont présentées sous un éclairage très lumineux, mais elles se rapprochent aussi de nous par le biais de la photographie et des reproductions. On trouve à l'entrée et à la sortie des musées des cartes postales, des diapositives, des livres, tout cela nous permet d'avoir plus près de nous ces œuvres accrochées dans les musées. L'historien de l'art travaille en allant voir les tableaux ou les fresques *in situ*, mais la plus grande partie du travail se fait en réalité à partir de photographies. Parfois, la visibilité y est meilleure que sur le lieu réel. Panofsky, dans son livre sur Titien, disait qu'il préférait de bonnes photographies en noir et blanc à des reproductions en couleurs, ce qui est un paradoxe extraordinaire, surtout pour un coloriste comme Titien, mais qui en dit long sur les conditions actuelles de visibilité des œuvres d'art.

Hormis les œuvres que l'on peut voir *in situ*, indécrochables comme les fresques ou les tableaux d'autel, où voit-on les œuvres ? Dans les musées et les expositions. Elles sont donc dans des conditions d'accrochage et d'éclairage incomparables à ce qu'elles auraient été au xve siècle. Par exemple, un tableau d'autel n'avait pas de public mais des fidèles qui ne pouvaient le voir que de loin, éclairé par la lumière tremblotante des cierges. L'important était la fonction de l'image, qu'elle soit là. Quand ce tableau d'autel est aujourd'hui placé sur les murs d'un musée, avec les « bons » éclairages, nous voyons l'objet de près. Les expositions temporaires ont cette même fonction de faire en sorte que nous soyons plus près des œuvres d'art. Cependant, doit-on dire qu'on les voit mieux ? Je n'en suis pas sûr, mais je pense qu'on les voit autrement. On ne les voit certainement pas mieux en ce qui concerne la façon dont ces œuvres étaient aimées par rapport à leur fonction d'objet de culte pour la société de l'époque. Je pense ici à

ill. 28 la *Maestà* de Duccio, dont le transport à la cathédrale de Sienne en 1307 a été l'occasion de trois
jours de fête dans toute la ville. Les habitants ont
accompagné en cortège l'immense *Maestà*, depuis
l'atelier du peintre jusqu'à la cathédrale. On ne
pourra jamais reproduire l'enthousiasme de toute
une cité pour le grand tableau de son meilleur
peintre.

Ce que je suis en train de dire, c'est que l'historien doit absolument corriger l'impact de l'ac-
crochage dans les musées s'il veut comprendre le
fonctionnement de l'œuvre dans l'époque où elle
a été peinte. On voit aujourd'hui les œuvres de
manière anachronique, un anachronisme qu'on
peut tenter de corriger en se rappelant que la
Maestà était sur un maître-autel. Je dirais aussi
qu'on voit autrement, et donc qu'on voit autre
chose. Je paraphrase ici Wölfflin qui, comparant
une gravure de Dürer et une gravure de Rembrandt, dit qu'il ne voit pas seulement autrement,
mais autre chose. Il en va de même pour notre
regard face aux œuvres du passé. Nous ne voyons
pas seulement autrement les tableaux que voyaient
les gens du XIVᵉ ou du XVIᵉ siècle, nous y voyons
aussi autre chose. C'est justement cela l'arbitraire,
dira-t-on : on y voit autre chose, donc c'est anachronique. Oui, mais attention, cette autre chose,

elle est là. Je vois bien les deux colombes dans
l'*Annonciation* d'Antonello de Messine qui était
peinte pour un maître-autel d'une petite église
en Sicile. Elles ont beau être à deux mètres je les
vois, elles sont deux. Je n'aurais pas dû les voir,
puisque je ne suis pas censé les voir, mais je ne
peux pas prétendre qu'elles ne sont pas là. Je vois
autrement, je vois autre chose, et cette autre chose
est bien là. De même pour la boutonnière de la
robe de la Vierge dans l'*Annonciation* de Filippo   ill. 18
Lippi. Elle est bien là, cette boutonnière, si bizarre
que cela puisse paraître et même si elle n'est
pas faite pour être vue. Voilà un anachronisme
étrange, puisqu'il me permet de voir quelque
chose que l'on n'avait pas vu auparavant, mais
qui était là quand même. En fait, cet anachronisme naissant des nouvelles conditions de mise
en visibilité des œuvres d'art a le mérite extrême
de me mettre, par rapport à l'œuvre, à la distance
où était le peintre quand il la peignait. Cet anachronisme nous permet une proximité qui avait
disparu pendant des siècles, et dont le peintre ne
pouvait imaginer qu'on la retrouverait un jour.
Il ne pouvait pas imaginer que son œuvre livrée
serait un jour dans un musée : c'est absurde.
Duccio, ayant livré la *Maestà*, pensait qu'elle res-
terait pour toujours, il ne pouvait même pas ima-

giner l'idée de musée. Il a pu peindre certaines choses dans ses tableaux en pensant qu'on ne les verrait jamais.

L'enjeu intéressant ici pour un historien est celui de l'intimité de la peinture. Les conditions anachroniques de présentation des œuvres aujourd'hui dans les musées, qu'il faut tenter de corriger par l'enquête historique, ont l'avantage historique extraordinaire de nous mettre au plus proche de l'intimité du peintre dans le tableau. C'est toute une nouvelle histoire de l'art qui s'ouvre, du moins un nouveau champ passionnant : comment les conditions de visibilité actuelles de la peinture permettent de s'interroger sur ce qu'il en était intimement des peintres dans leurs tableaux. C'est une histoire très délicate à faire, car l'intimité est de l'ordre du secret. Mettre au jour l'intimité du peintre dans son tableau peut sembler indiscret, et, comme l'a dit Manetti, on n'est pas discret quand on regarde.

Cela dit, ne pas y voir mieux mais voir autrement, tout cela reste très théorique. Je parle ici comme un historien de l'art qui va voir les expositions quand elles sont fermées au public. Car le problème, c'est qu'à force de rendre ces tableaux visibles par le plus grand nombre possible, il en découle qu'on les voit de moins en moins. Cela

pour deux raisons principales. La première est que
l'exposition est faite pour attirer le plus grand
nombre de gens possible, et c'est normal parce
que la peinture est un patrimoine commun, et
plus il y a de monde qui va au musée ou à l'exposition, plus le musée joue ainsi son rôle d'édu-
cateur mettant à la disposition de la population
des objets qui appartiennent à la collectivité. L'intention peut donc être très bonne, malheureusement les résultats sont catastrophiques. Car à
cette intention s'ajoute celle de la rentabilité culturelle. Une exposition qui dure trois mois, qui a
coûté tant pour les assurances, les éclairages, les
transports, etc., non seulement ne doit pas perdre
d'argent mais si possible en rapporter, pour faire
d'autres expositions. Alors on admet trop de gens
en même temps. Il faudrait qu'une exposition
dont on prévoit trois cent mille spectateurs dure
six mois au lieu de trois, il y aurait ainsi deux fois
moins de gens dans la même salle. On y voit de
moins en moins parce qu'il y a de plus en plus de
monde, et aussi parce que, tant dans les musées
que dans les expositions, montrer de la peinture
ou de la sculpture, c'est faire du théâtre autour des
œuvres d'art, c'est faire de la scénographie. C'est
d'ailleurs le terme utilisé pour désigner le travail
de la personne qui organise la mise en scène de

l'exposition. Le problème, c'est que la scénographie montre avant tout le scénographe. Bien entendu, il faut organiser le parcours de l'exposition, accrocher les œuvres, les éclairer d'une certaine manière et, quand c'est réussi, on oublie la scénographie, preuve que c'est une grande exposition. Mais il y a trop d'expositions aujourd'hui, je le dis très nettement, où l'on va admirer, et souvent pour ma part détester, le travail du scénographe.

À propos de ces conditions de visibilité et d'éclairage des œuvres, ce qui est vraiment catastrophique, c'est l'espèce de diffusion d'un mode de mise en visibilité qui vient de la revue *FMR*, de Franco Maria Ricci. C'est une revue très luxueuse, qui a une trentaine d'années d'existence. Elle a inventé l'idée de présenter les œuvres avec des photographies aux couleurs chatoyantes, beaucoup plus que celles qu'elles ont dans la réalité, car grâce à certains systèmes de projecteurs on peut traverser le vernis qui s'est opacifié pour aller chercher directement des couleurs qui n'ont rien à voir avec celles du tableau. Ce sont donc des couleurs qui « pètent », et c'est spectaculaire. L'autre idée, très chic, a été de les présenter sur fond noir, contrairement à la tradition qui les présentait sur fond blanc. Franco Maria Ricci a fait exploser ses ventes, ses livres étaient très chers. Le malheur est que, concernant les expositions, des gens ont pensé que c'était là une bonne idée, élégante et intelligente, de présenter des œuvres en couleurs sur un fond noir, avec des projecteurs qui isolent le tableau. Le résultat de ce type de scénographies visuelles à l'atmosphère sombre est que l'on est invité non pas à voir les tableaux, mais les images des tableaux. De plus, l'abondance de visiteurs fait qu'on voit mal les œuvres. Il en résulte qu'on ne va pas voir l'exposition des tableaux mais qu'on va rendre un culte à l'exposition des tableaux.

Un des pièges de ce genre d'exposition, c'est qu'on passe de la valeur d'exposition de l'œuvre à la valeur de culte de l'exposition. Je fais ici référence au fameux texte de Walter Benjamin sur l'œuvre d'art à l'époque de sa reproductibilité mécanique. Il y explique le passage dans la peinture européenne d'une valeur de culte de l'œuvre, où elle n'est pas visible mais où on lui rend un culte, à une valeur d'exposition, où elle est visible mais n'a plus de culte, car elle se rapproche à travers la reproduction indéfinie et mécanique. Ce texte est magnifique mais a maintenant soixante-dix ans, et de même que Duccio ne pouvait prévoir que sa *Maestà* serait un jour dans un musée,

Benjamin ne pouvait prévoir ce que sont aujourd'hui les expositions de masse. À présent, on ne passe pas d'une valeur de culte avec invisibilité de l'œuvre à la valeur d'exposition, on passe d'une valeur d'exposition à une valeur d'invisibilité qui est le culte de l'exposition elle-même, et dans le fond, de la culture. On ne va plus rendre hommage à la peinture, qu'on ne voit plus — c'est devenu une image mise dans une boîte en verre aseptisée pour protéger le sacro-saint objet qu'il ne faut pas toucher parce qu'on pourrait lui inoculer des bacilles quelconques —, mais plutôt à la mise en scène de la culture.

Il en va de même pour les chapelles en Italie. Il y a une quinzaine d'années encore, on pouvait y passer des heures pour les regarder tranquillement, désormais elles ont été restaurées, donc on les voit mieux, donc on ne les voit plus parce qu'on n'a plus qu'un quart d'heure pour ce faire, au-delà duquel on doit circuler, sinon, avec la chaleur, on augmente l'hygrométrie de la chapelle et on abîme l'œuvre. Je me demande comment les futurs historiens de l'art pourront aller voir ces chapelles restaurées où on leur dira, « circulez », non pas « y a rien à voir », mais « vous avez assez vu ».

20

La peinture au détail

J'aime les paradoxes, parce que je pense que la solution du paradoxe, quand elle est trouvée, fait avancer la réflexion. Un paradoxe résolu est un pas fait dans la compréhension d'une question, ou la mise de côté d'un faux problème. Je reconnais avoir été attiré plutôt par ce qui faisait écart dans les tableaux de peinture, et il en irait de même si je devais parler d'architecture. Dans les tableaux ou les fresques, ce qui fait écart m'a appelé, et peut-être depuis toujours.

J'avais commencé à prendre des photos, sans nécessairement savoir ce que je photographiais, car on trouve toujours ce qu'on cherche, alors que quand on ne sait pas ce qu'on cherche, on a peut-être une chance de trouver quelque chose d'inattendu. C'est une gratification considérable de voir quelque chose qu'on ne s'attendait pas à voir. Ce qui fait écart m'a donc toujours attiré, car l'historien de l'art se trouve dans une situation un peu

triste : ayant regardé tellement de reproductions,
visité tellement de musées, il a fini par mémoriser les trois quarts des tableaux qu'il a eu l'occasion de voir. La surprise est donc de plus en plus
rare pour lui, et vivre sans surprise est assez
triste. Comme j'aime les surprises, réussir à percevoir ce que je ne m'attendais pas à voir est ce
qui m'a attiré dans cette réflexion sur les détails :
ce qui fait écart à l'ensemble, mais aussi ce que
peut condenser dans ce minuscule écart la signification de l'ensemble.

Je vous donne deux exemples. D'abord, la
Chambre des époux, la *Camera degli sposi*, l'une de
mes pièces préférées dans l'architecture italienne
de la fin du XVe siècle, décorée par Mantegna
dans le palais ducal de Mantoue. Cette Chambre
des époux a un *oculus* dans la voûte, c'est-à-dire
une ouverture fictive, donnant sur un ciel avec
des jeunes femmes. Parmi les personnages peints,
il y a neuf *putti*, c'est-à-dire neuf angelots qui
sont, c'est ce qu'on peut lire partout, parfaitement répartis : trois devant la balustrade de l'architecture fictive, trois derrière cette balustrade
fictive, accoudés, et trois autres passant la tête à
travers la balustrade. Tout est parfaitement pensé,
et la réflexion a toujours tourné autour du nombre
de *putti* : pourquoi neuf, pourquoi trois fois trois ?
Il y a eu de très beaux textes, très intéressants,

écrits sur ce point. C'est incontestablement le
message principal de ces neuf *putti*. Mais, à force
d'observer, le regard flottant dans la salle, ou
devant les photos que j'avais prises de cet *oculus*,
j'ai vu qu'il n'y en avait pas neuf, mais dix. Il y
avait un dixième *putto*, mais on ne voyait que sa
main passant à travers la balustrade. Cet *oculus*
doit faire environ six ou sept mètres de hauteur.
Une main de bébé passant devant une balustrade
n'est pas vraiment faite pour être vue, mais une
fois qu'on l'a vue, elle est là, il n'y a rien à y faire.
Cette petite main tient une baguette, minuscule
dans la main d'un bébé. Elle arrive à un point
très précis de la fresque. Il se trouve que ce point
correspond à une diagonale essentielle de toute la
salle, puisque la moitié de la salle est peinte avec
des tentures découvertes, et l'autre moitié avec
des tentures abaissées. La baguette du *putto* invisible indique la diagonale séparant le caché du
non-caché, du dévoilé. Que le secret du voilé et
dévoilé soit indiqué par la main d'un dixième
putto caché est évidemment pensé par Mantegna.
La découverte de ce détail a été un grand bonheur, de le voir d'abord, et ensuite, trois semaines
ou trois mois plus tard, bonheur de comprendre
jusqu'où allait la petite baguette du *putto*. C'est
ce genre de surprise qui m'a intéressé et qui ne

peut se voir d'un coup. Cela se voit lorsqu'on connaît tellement l'œuvre qu'on ne la regarde plus, et à ce moment-là justement on voit. Ou alors, on a pris la diapositive systématiquement, sans réfléchir, et quand on la regarde avec attention un ou deux mois plus tard, on voit tout à coup ce qu'on n'aurait pas pu voir sur le moment.

ill. 21   Un autre exemple que j'aime est celui du *Saint Sébastien* d'Antonello de Messine, le peintre de la fin du xve siècle, et qui est aujourd'hui à Dresde. Je connais très bien ce tableau. C'est un des plus grands *Saint Sébastien*, non par ses dimensions mais par ses qualités : admirable construction perspective, admirable idée du saint comme bouclier de la ville qui est au fond, car étant au premier plan avec un point de fuite très rabaissé, le saint est monumentalisé par rapport aux architectures de la ville, d'autant plus que les flèches ne sont pas tirées parallèlement au plan, mais depuis l'espace du spectateur. C'est un splendide tableau, d'une intelligence admirable. Je suis finalement allé à Dresde, des années après avoir vu le tableau en reproduction. Je l'ai photographié sans trop y réfléchir. De retour chez moi, en projetant les diapositives, j'ai eu la surprise de voir que le nombril de saint Sébastien était exactement désigné comme un œil. Ce n'est pas qu'il ressemblait à un œil, c'était un œil. Il y avait d'ailleurs quelque chose de curieux, car ce nombril aurait dû être le centre géométrique parfait du corps, puisque le corps est parfait. Or, il était clairement décalé par rapport à ce centre, puisque le peintre avait pris la peine d'indiquer l'axe médian du corps et qu'il n'a pas mis le nombril dessus, mais à côté. J'ai alors remarqué que si le nombril-œil était à côté de l'axe central, de l'autre côté de cet axe il y avait une flèche plantée parallèlement, qui allait en quelque sorte crever le deuxième œil. Il y avait donc un échange de regards extraordinaire entre « l'archer » de mon espace et de moi spectateur et ce corps de peinture qui avait caché (car le tableau n'était pas fait pour être regardé de près) le fait qu'il me regardait lui aussi, sans que je le sache, pendant que moi-même je visais ce corps. Cela lance une magnifique analyse sur la séduction en peinture, sur l'*innamoramento*, le fait de tomber amoureux d'un tableau. C'est d'ailleurs ce que voulait Antonello de Messine, qui a été décrit comme un peintre « enfant de Vénus », un charmeur.

Ayant vu, grâce à la photo, ce bel écart de nombril-œil, j'ai commencé à regarder les nombrils, non pas des gens, mais des personnages peints. J'ai alors été très surpris de voir qu'il y avait toute une série de nombrils-œils, de Crivelli jusqu'au xvie siècle flamand. Par exemple, il y a une très belle Judith, qui tient la tête d'Holopherne, et dont le nombril est un œil splendide, ce qui n'est pas mal non plus. Ma surprise fut très grande quand, dans une petite église d'Ombrie, j'ai vu une fresque populaire qui était une citation du *Saint Sébastien* d'Antonello de Messine : le peintre n'avait pas tout compris, mais il avait vu le nombril-œil. Ainsi, ce qui était caché chez Antonello devenait manifeste chez le peintre local, naïvement dessiné dans cette fresque populaire.

Dès cet instant, une nouvelle histoire de la peinture s'ouvre, surtout pour un historien qui a déjà la connaissance des grands ensembles. Être tout à coup surpris par des choses aussi connues ouvre une nouvelle zone de bonheur. C'est seulement après coup que je me suis mis à lire les textes. Car, de même qu'on trouve ce qu'on cherche, lorsqu'on lit trop, on retrouve aussi ce qu'on a lu. J'ai donc commencé à lire ou à relire ces textes, en m'apercevant que la problématique du détail pouvait s'y trouver. À ces lectures, j'ai fait un double constat d'ordre historique. D'abord, le statut du détail changeait de manière très intéressante dans l'histoire de la peinture classique. Aux xive et xve siècles, la qualité du détail fait la qualité du peintre. Il existe de très beaux textes, très courts, faisant l'éloge de la vérité du détail dans le tracé des veines de tel peintre. Par exemple, le peintre Stefano, à la fin du XIVe siècle, dont le tracé des veines est décrit comme digne d'un médecin par Villani. Pendant tout un temps, donc, la qualité mimétique du détail est très appréciée dans la peinture, pour la vérité et la connaissance de la nature qu'elle démontre. Puis, assez vite, on voit apparaître le besoin de contrôler le détail, de l'empêcher d'agir par lui-même, de contrer sa capacité « digressive ». Le détail fait digression : de même que dans un discours la digression est un agrément qui ne doit pas être trop long au risque de perdre de vue le sujet, le détail est lui aussi un agrément qui ne doit pas trop fasciner au risque de perdre l'ensemble du tableau. À partir du XVIe siècle, de très beaux textes apparaissent contre l'accumulation de détails précis. C'est l'éloge de ce qu'on doit appeler le laconisme, et qui à l'époque s'appelait la *brevità*, la brièveté, qui fait qu'on ne décrit pas tout pour ne pas se noyer dans les détails. Pour les gens du XVIe siècle, cette articulation est celle de deux peintres : Giovanni Bellini et Giorgione. Ce dernier est le peintre du laconisme, il ne décrit pas tout, alors que Bellini est le peintre des descriptions minutieuses, celui du moindre détail.

Un autre élément très intéressant dans ce constat sur le statut du détail, c'est la recommandation, l'ordre même donné aux spectateurs de rester à distance du tableau, de ne pas trop s'en approcher. J'ai évoqué le « *Ut pictura poesis* » d'Horace, qui est un des piliers de la théorie classique de la peinture : « Il en est de la peinture comme de la poésie. » Ce que dit Horace, en réalité, c'est qu'il en sera en poésie comme en peinture, l'une te plaira de près, l'autre de loin. Horace savait très bien ce qu'il disait, il y a deux façons de regarder ou de lire, de près ou de loin. Roger de Piles, le chef de file des partisans du colorisme à la fin du XVIIe siècle en France, écrit : « Comme le dit Horace, un tableau ne doit pas se regarder de près. » Il cite le texte en latin, et le traduit avec un contresens ! C'est un contresens volontaire, parfaitement stratégique. Pourquoi le fait-il ? Parce qu'en s'approchant trop, on voit la machinerie du tableau, on pourrait presque dire la machination du tableau. Un tableau, ça trame quelque chose par rapport au spectateur, et le public doit laisser cela aux spécialistes. Cependant Roger de Piles se contredit puisqu'il dit ailleurs : « Un grand tableau t'appelle à venir tout près comme s'il avait quelque chose à te dire.» Cela révèle une volonté de contrôler l'effet dislocateur du détail, qu'il soit iconique ou pictural.

Ce qui devient très intéressant, et qui serait une nouvelle piste de réflexion, c'est que depuis Alberti jusqu'à Baudelaire, le statut du détail est incertain en peinture parce que le détail trouble. Alberti dit qu'il faut éviter qu'il « fasse du tumulte », il faut éviter que l'histoire fasse du tumulte, terme politique en référence au tumulte des Ciampi de la fin du XIVᵉ siècle. Baudelaire, quant à lui, parle de « l'émeute des détails », et Roger de Piles dit qu'« un tableau est un tout politique ». À travers les détails surgit tout à coup la possibilité de **voir** que non seulement la peinture a une fonction de représentation, mais qu'elle est aussi une pensée politique, un tout politique où, comme dit encore Roger de Piles, « les grands ont besoin des petits, comme les petits des grands ». C'est là le premier constat que j'avais fait sur le statut incertain du détail dans la théorie classique.

Le deuxième constat, d'un point de vue historique général, est que cette problématique que j'étais en train de constituer n'était plus valable pour l'art contemporain. Il y a toujours des détails dans l'art contemporain, aussi bien *particolare* que *dettaglio*. Mais si l'on veut analyser la fonction du détail dans l'art du xxᵉ siècle, on ne peut plus utiliser les mêmes concepts ou outils que pour la peinture classique. Ce constat, à première vue décevant, était en fait positif, car il confirmait la cohérence de cette analyse du détail à l'intérieur d'une partie classique de la peinture, qui est une pratique d'imitation.

À partir de là, un développement inattendu a commencé à se produire. Le fait d'être plus près de la peinture faisait surgir ce que j'ai appelé l'intimité. L'intimité du peintre dans le tableau, ou de la peinture dans le tableau. Le discours devenait donc inévitablement complexe et beaucoup plus problématique que ce discours clair que tient l'histoire de l'art quand elle regarde de loin. Gombrich a pu dire, dans *Norm and Form*, que toute œuvre d'art a un seul sens dominant, « *only one dominant meaning* ». Non. Hélas non. J'admire beaucoup Gombrich mais le positivisme a tout de même parfois des limites. Il est vrai qu'une Annonciation est d'abord une Annonciation, ou qu'une Vierge à l'Enfant est d'abord une Vierge à l'Enfant, mais s'il n'y avait que cela, toutes les Annonciations se ressembleraient, et toutes les Vierge à l'Enfant seraient identiques. Évidemment que le *dominant meaning* est le thème de la Vierge à l'Enfant ou de l'Annonciation, mais le sens spécifique de ce tableau dépend de la façon dont le sujet a été traité, d'autant plus spécifique dès lors qu'on s'approche de la surface et que surgissent des éléments tout à fait curieux et incertains. Cette attention à l'écart à l'intérieur de l'ensemble se joue sur plusieurs registres. Il y a le « de loin, de près », et aussi le « public, privé, intime », qui sont trois problématiques différentes et qui peuvent se jouer dans le même tableau. Il y a aussi le « commanditaire et artiste ». Il est fort possible que l'artiste ait caché dans l'intimité du tableau quelque chose que le commanditaire n'a pas à voir, ou qu'au contraire, à la demande du commanditaire, il y mette quelque chose que le spectateur ne verra pas. Les enjeux sont à chaque fois différents.

Il est possible aussi que l'artiste ait mis dans le tableau quelque chose dont lui-même ne sait éventuellement pas le sens. J'ai un exemple à ce sujet qui me trouble toujours, et à propos duquel je n'ai pas de réponse. C'est le magnifique *Por-* ill. 41 *trait de Mme Moitessier*, peint par Ingres, qui est à la National Gallery de Londres. Un portrait qu'il a mis des années à peindre. Il commence, puis en peint un autre où elle est debout et porte une robe noire. Il reprend finalement le portrait, et lui fait une magnifique robe à fleurs, un chatoiement de fleurs splendides, un morceau de peinture admirable, d'un lisse parfait. J'ai découvert avec surprise, en regardant les diapositives que j'avais prises à la National Gallery, qu'au premier plan de la robe, à hauteur des genoux de Mme Moitessier, donc à la perpendiculaire de son œil droit qui nous regarde, il y avait une tache. Une grosse tache, sale, sur la robe de Mme Moitessier. Il est incontestable qu'elle a été peinte en tant que tache. Ce n'est pas une ombre. Certains ont pu dire que c'était une ombre, mais l'ombre de quoi ? Aucun objet dans le tableau ne projette son ombre. C'est donc une tache. Je n'ai pas de réponse sur l'origine de la tache, mais j'ai fait une hypothèse. C'est une pure hypothèse, puisqu'on touche ici à l'intimité même du peintre, celle d'Ingres dans son tableau. Je crois qu'Ingres admirait beaucoup Madame Moitessier, réputée pour être la plus belle femme de Paris. Je crois que cette tache qui vient souiller la beauté parfaite de Madame Moitessier marque le désir du peintre. C'est en quelque sorte la lettre volée, au premier plan, qu'on ne voit pas et qui marque le désir qu'il a pour son modèle. L'anachronisme de cette interprétation est cependant très fort. J'interprète Ingres à l'aide de Bataille. Ingres n'avait certainement pas lu Bataille… Cela dit, étant donné que

Bataille est un penseur chrétien, et que Ingres était chrétien, la pensée de Bataille peut s'appliquer à Ingres. Mais l'important n'est pas de dire : « J'ai trouvé ! », l'important est de préserver l'incertitude. Arriver à un moment où l'historien, l'interprète, ne ment pas, et parle de ce qu'il n'est pas sûr de pouvoir comprendre, mais qui est là, qu'il a vu dans le tableau.

21

Pour une histoire rapprochée
de la peinture

Mon intérêt pour le détail remonte à très long-temps. Je crois me rappeler qu'il a débuté lorsque j'ai commencé à prendre moi-même des photo-graphies des tableaux ou des fresques sur lesquels je devais faire cours à l'université. Habituelle-ment le service photographique de l'université se charge de faire les diapositives à partir des livres fournis par les enseignants. On obtient ainsi des photographies bien cadrées, dont les couleurs res-semblent à celles de la reproduction. C'est comme cela que se préparent les cours universitaires, aux-quels s'ajoutent parfois des diapositives originales achetées dans les musées.

À un certain moment, j'ai acheté un Olympus, un appareil qui a une très bonne optique. Par curiosité, par amusement, j'ai commencé à faire moi-même des photos sans flash, car on pouvait à l'époque prendre des photos librement tant qu'on n'avait pas de flash et de trépied. Cette situation me permettait d'abord d'être devant les œuvres et non pas devant des reproductions, et aussi de m'approcher du tableau et de gérer moi-même mon objectif pour pouvoir faire des photographies de détails. L'idée m'est venue à l'occasion d'une expérience particulière que j'ai faite non pas en Italie, mais au musée de Bruges, devant la *Châsse de sainte Ursule*, qui est une peinture d'une finesse extrême, d'une élégance flamande étonnante. En s'approchant du tableau, à cinquante centimètres et sans le verre protecteur, on pouvait voir la larme qui coule de l'œil du personnage. Je me rappelle avoir été saisi de surprise. Je suis bon public, et c'était là l'effet recherché. Non pas que j'aie cru que la peinture se mettait à vivre, mais cette surprise que j'avais dans la relation avec la peinture me montrait que c'était quelque chose dont je voulais garder une trace.

Une autre œuvre qui m'a extrêmement surpris, mais dans un tout autre sens, est une des *Véronique* de Zurbarán. Elle était proposée à la grande exposition Zurbarán à Paris il y a un certain nombre d'années, et de loin on voyait très bien le visage du Christ s'inscrire dans le voile de la *Véronique*, mais plus on s'approchait de l'œuvre, plus ce visage disparaissait. L'aspect miraculeux de l'inscription était peint par Zurbarán. Un tableau admirable de technique et d'idée.

Je me suis donc rendu compte qu'à partir du moment où j'avais les diapositives de ce que j'avais vu, je ne pouvais plus enseigner de la même façon, ni la même chose. Ce que je faisais auparavant, c'était une histoire de la peinture à partir de reproductions faites de loin, de reproductions d'ensemble. C'était tout à fait intéressant. En revanche, de près, les détails comme les larmes de la peinture flamande ou le visage du Zurbarán étaient des choses que nous évoquions, mais il était difficile d'y réfléchir avec les étudiants car aucune des diapositives ou des reproductions disponibles ne donnait le compte rendu de cette expérience visuelle. Cela a déclenché un processus quasi obsessionnel, consistant à la fois à faire la photo d'ensemble d'un tableau, bord à bord et cadre compris, de manière que le bord ne soit pas coupé, et à photographier aussi des détails soit que je voyais, soit sans savoir s'il y avait quelque chose à voir. Je les regardais ensuite chez moi, et j'ai effectivement vu, après coup, des choses que je n'avais pas eu le temps de voir dans la relation muséale à l'œuvre. Le travail effectué sur la photographie de l'œuvre offre un temps de contemplation beaucoup plus long. Je crois qu'au bout d'un moment, le regard devient flottant. Il n'est plus en quête de l'information à capter, à prendre comme un rapace dans le tableau, mais il attend au contraire que quelque chose vienne du tableau et se montre. On peut en faire l'expérience devant le tableau, mais c'est beaucoup plus fatigant : on est debout, on peut énerver les visiteurs qui veulent passer. En ayant de très bonnes diapositives prises devant le tableau, et en étant chez soi, tranquille, le tableau, comme disaient les Goncourt, « se lève » beaucoup plus volontiers qu'il ne le fait au sein d'un musée.

Comme je l'ai déjà dit, voir autrement, c'est aussi voir autre chose, et cela implique une nouvelle histoire de la peinture, une histoire de près. Quelle serait-elle ? Non pas que l'histoire de loin soit dépourvue d'intérêt. L'histoire de l'art est une accumulation d'histoires différentes. Dans l'histoire de loin, il y a beaucoup d'histoires intéressantes. Ce qu'on peut appeler l'histoire générale de l'art est intéressant. L'histoire de la succession des styles et de leurs éventuels contenus (le xvie siècle, avec le maniérisme en son cœur, est passionnant dans l'histoire générale de la peinture, de l'architecture et de la sculpture) mérite absolument d'être faite, et continuera de l'être, car sur le long terme les styles sont une réalité historique méritant réflexion. De même, l'histoire sociale de l'art est absolument passionnante. Étudier Greuze, par exemple, du point de vue des pratiques sociales du XVIIIe siècle, est beaucoup plus intéressant que de voir seulement en lui ce qu'on y voit d'habitude, c'est-à-dire un peintre sentimental ou larmoyant.

Une autre des histoires qui s'intègrent à celles qui se font de loin est celle des problèmes artistiques. Par exemple, j'ai essayé de le faire pour l'Annonciation italienne et les problèmes de perspective. Je considère que c'est de l'histoire générale de l'art. Elle est faite de loin, en ce sens qu'elle prend un ensemble considérable de tableaux et une période longue, deux siècles et demi de peinture. Son objectif est général même si, dans le travail d'analyse ponctuel, l'histoire ne peut se faire que de façon rapprochée.

L'histoire rapprochée ou l'histoire de près, c'était le sous-titre d'un de mes livres sur les détails : *Le Détail. Pour une histoire rapprochée de la peinture*. D'ailleurs ce sous-titre est un hommage à Hubert Damisch et à son livre *Théorie du nuage. Pour une histoire de la peinture*. Cette histoire rapprochée est complexe, je ne prétends pas du tout l'avoir faite et ne sais même pas si elle est faisable. Ce que fait surgir le regard rapproché, ce sont des détails. Le titre du livre a mis beaucoup de temps à venir, parce qu'il a été pensé au départ comme une histoire du regard, du double regard, de près et de

loin. Il faudra y revenir, car le « de près, de loin »
est au cœur de la pensée de la peinture à cause de
la citation d'Horace, « *Ut pictura poesis* » : « Il en
sera de la peinture comme de la poésie. » Mais le
vers d'Horace continue : « Certaines te prennent
de près, et d'autres de plus loin. » Dès Horace
donc, on savait très bien que certains poèmes se
savourent vers à vers, tandis que pour d'autres il
faut lire une trentaine de vers pour pouvoir apprécier le rythme et l'envolée lyrique. Cette histoire
rapprochée implique donc des détails, des éléments discrets et d'ordres différents.

Partant du double regard « de près, de loin »
vers le détail, pour centrer toute l'analyse sur ce
point, je me suis senti obligé de faire une typolo-
gie des détails. Quand on parle des détails, de
quoi parle-t-on ? Il existe beaucoup de détails
différents. J'ai abouti non pas à un système mais
à une proposition de deux couples de concepts.

Il y aurait d'abord ce que j'appelle le détail
iconique, c'est-à-dire le détail qui fait image et
qui est lié en général au message du tableau. Une
mouche, par exemple, est un détail, incontestablement. C'est un détail iconique : on voit la
mouche, on la reconnaît. Je me rappelle très bien
avoir vu dans la salle d'un musée américain une
Vierge à l'Enfant de Crivelli. Je me suis dit : « C'est

incroyable, il y a une mouche sur le tableau ! »
J'étais vraiment scandalisé, des mouches dans un
musée américain ! Bien sûr, en m'approchant du
tableau je me suis rendu compte que je m'étais
fait avoir par la mouche de Crivelli. J'aurais dû le
savoir, la mouche est un thème qui remonte à
Giotto, un motif ancien de la peinture. J'ai été pris
par la valeur iconique du détail de la mouche. Il
y a donc ce premier détail iconique qui est lié
au message du tableau. Chez Crivelli, la mouche
est évidemment la pourriture, le mal. Dans une
Vierge à l'Enfant, l'enfant regarde la mouche.
Elle fait partie du message du mal qui est présent
à l'intérieur du tableau.

Le deuxième détail, je l'ai appelé le détail pictural. Au contraire du détail iconique, il correspond au moment où la peinture « se montre », où
le pictural de la peinture se montre. On pourrait
dire, avec un terme un peu prétentieux, que la
peinture se montre dans son état inchoatif, c'est-
à-dire commençant à aller vers l'image dans sa
puissance de figurabilité. Elle se montre dans cette
puissance-là, et pas encore comme figure. C'est la
tache, la coulure. Il me semble qu'un des tableaux
qui m'ont le plus marqué dans ce sens-là est aussi
un tableau de Zurbarán, une *Mort d'Hercule*, où ill. 42
Hercule est brûlé dans sa tunique. Les flammes se

répandent sur le sombre du tableau sous forme de gouttes de peinture. J'avais photographié ce tableau dont le détail devient presque un tableau à lui tout seul, un tableau étrangement contemporain. Ainsi, le détail pictural est de l'ordre de la tache, de la *macchia*, et ne renvoie plus au message du tableau en général, comme le détail iconique qui condense le système du tableau, mais au contraire défait l'ensemble du tableau. Il a un effet dislocateur. Car si on le remarque, on est fasciné par rien. C'est-à-dire rien au sens étymologique, par la « chose ». « Rien » vient de *res*, la chose. On est fasciné par rien de représenté, mais par cette chose qui représente. Il y a donc une belle dialectique entre le détail pictural et le détail iconique. J'étais content mais je me suis rendu compte que ce n'était pas suffisant.

Il y a deux autres façons de cadrer le détail, bien qu'il échappe toujours. Je me sers de l'italien, qui souvent rend les choses très claires. Il y a d'abord le détail *particolare*, le détail de quelque chose de représenté, un endroit particulier de la chose représentée. Par exemple la croûte dans un morceau de pain est un *particolare*. Il existe dans le tableau comme détail de la chose représentée. L'autre, c'est ce que l'italien appelle le *dettaglio*, « détail » en français, qui implique quelqu'un qui découpe, comme la viande au détail, comme le boucher qui découpe le détail. Il en va de même pour un tableau. Tout spectateur détaille son tableau, il le découpe. Quand vous regardez un tableau ou une photo, vous avez certainement une vue d'ensemble, mais qu'est-ce qu'on voit quand on voit l'ensemble ? J'aimerais le savoir. On perçoit l'ensemble, mais quand on commence à regarder, l'œil va s'attacher à certains éléments. Il va non pas découper physiquement, mais isoler, mettre en relief, avec une zone de flou autour, des éléments qui sont des détails. Mais ce ne sont plus les mêmes que les premiers. Ce sont à présent les détails, produits par chaque regardeur ou regardant de tableaux.

À partir du moment où j'avais les détails iconiques, les détails picturaux, les détails *particolare* et les détails *dettaglio*, j'avais un bon cadre pour construire une réflexion. Mais du même coup, il apparaissait qu'il était impossible de faire une histoire du détail. L'histoire même m'échappait. Car s'il est possible de faire une histoire du statut du détail dans la pratique et la théorie des peintres classiques — il y a beaucoup de textes qui évoquent ce statut du détail, la fonction, la gloire ou le danger du détail —, en revanche, dès lors que j'allais dans le détail *dettaglio* fait par n'importe qui, comme il l'entend, il n'y avait plus d'histoire possible. On peut faire une anthropologie du détail, mais une histoire devient impossible puisque chacun fait, fera, a fait ces détails, ou d'autres encore.

Donc, le champ s'ouvrait pour que mon obsession puisse se donner libre cours. Finalement, il n'y a rien d'original dans ma démarche. Tout historien de l'art travaille traditionnellement avec les détails. Je crois que c'est André Chastel qui a écrit dans *Fables, formes, figures*, son recueil de textes, que l'historien est alerté par le détail. Oui, parce qu'un détail qui ne cadre pas, qui ne colle pas avec l'ensemble du tableau, interroge, alerte l'historien qui doit comprendre pourquoi, par exemple, Jésus a un cordon ombilical dans son bain donné par la Vierge, une double anomalie dont la principale est bien sûr le cordon ombilical de Jésus dans le tableau de Lorenzo Lotto. Tout historien dès lors qu'il s'intéresse en particulier à l'iconographie, donc au détail iconique, travaille avec le détail. Pourtant, je crois que la pratique habituelle de l'histoire de l'art consiste à éteindre le détail. L'historien est un peu comme le pompier du détail. Un détail est choquant, il faut l'éteindre, venir l'expliquer pour que tout soit à nouveau lisse. La fonction du détail est de nous appeler, de faire écart, de faire anomalie. L'histoire iconographique tend à penser que tous les détails sont normaux. Or ce qui m'intéressait, en tant que petit obsessionnel, c'était au contraire de dire que ce n'est pas normal, et de chercher les possibilités de cette anomalie. À ce moment-là s'ouvre une histoire rapprochée qui implique autant de lectures de documents, et peut-être même plus, qu'une histoire de loin.

22

Alberti disparu,
le temps retrouvé

Je souhaite revenir sur la restauration. Il n'y a pas plus anachronique qu'une restauration. L'opération même de restaurer prétend, d'une certaine manière, corriger le passage du temps. Cela revient à intervenir sur ce temps n° 2 dont j'ai déjà parlé, qui se situe entre la production et la réception, cette durée X qui a porté ses traces physiques sur l'œuvre. La restauration prétendrait annuler cette donnée qu'est la temporalité de l'œuvre d'art. C'est donc une opération anachronique, puisqu'elle prétend, à partir du regard et des techniques d'aujourd'hui, faire surgir une œuvre qui n'a finalement jamais existé. Car il faut souligner qu'aucun restaurateur ne tend à retrouver l'œuvre originale, il faudrait être un restaurateur naïf ou malhonnête pour le penser. L'original n'existe plus depuis longtemps et, s'il existe, c'est sous cette forme où l'original du temps n° 1 est devenu l'original du temps n° 3 à travers le passage du temps n° 2. La restauration prétend intervenir dans ce passage des temps, et elle est d'une certaine manière anachronique, même si ce n'est pas pour retrouver l'original. Elle est, du même coup, entourée de débats considérables, sur lesquels je reviendrai plus tard.

Je voudrais d'abord évoquer le bonheur qu'il y a à monter sur des échafaudages de restauration. Cela m'est arrivé plusieurs fois dans des chapelles en Italie, par exemple à Florence, lors de la restauration de la chapelle du Carmine, où se trouvent les fresques de Masaccio et de Masolino. Par chance, cette chapelle se trouve tout près de l'Institut français, et j'ai donc pu régulièrement aller sur les échafaudages où travaillaient des gens très sympathiques qui me laissaient entrer. Je passais des heures à regarder les progrès de la restauration. Il y a eu des moments extraordinaires, lorsque par exemple les restaurateurs m'ont montré ce qu'il y avait sous les feuilles d'arbres peintes au XVIIe siècle pour cacher le sexe d'Adam dans la fresque *Adam et Ève chassés du paradis*. J'avais toujours pensé que cela cachait quelque chose, et grâce à une caméra permettant de pénétrer d'environ un demi-millimètre l'épaisseur de la peinture de fresque, on a vu apparaître sur l'écran du moniteur ce qui était en dessous de ces feuilles, c'est-à-dire le sexe de notre père à tous. C'est tout de même un spectacle émouvant. J'ai pu découvrir aussi, lorsqu'une fresque est en cours de restauration, l'étape du nettoyage. Voir ce que le simple fait d'enlever la poussière, la crasse déposée, les re-peintures, révélait... Auparavant, on passait une sorte de vernis sur ces fresques pour en raviver les couleurs, mais par la suite ce vernis jaunissait lui-même, comme c'est le cas dans la chapelle Brancacci, magnifique mais très sombre et jaunâtre jusqu'à son nettoyage. Au cours de ce travail de restauration, j'ai pu voir ainsi comment, ayant nettoyé le triangle entre les deux jambes du gardien de la ville dans le *Tribut du Christ*, on rencontrait une succession abstraite de zones d'ombres et de lumières. Face à cela, l'émotion est très grande, car on ne remonte pas dans le temps mais on peut voir quelque chose qui était devenu invisible par le fait du passage du temps. L'anachronisme est beau en ce cas, il permet de venir corriger ce qu'on peut du passage du temps sur les œuvres, mais on parlera aussi du danger de la restauration...

Autre souvenir magnifique, à propos cette fois des fresques de Piero della Francesca à Arezzo. Je suis monté sur les échafaudages, et j'ai pu voir ces fresques à la distance où Piero les avait peintes cinq cents ans plus tôt. J'ai donc pu voir que Piero n'était décidément pas un disciple de Leon Battista Alberti, pour la simple raison que ses visages sont entourés d'un trait d'une pureté graphique et d'une élégance extraordinaires, mais aussi d'une épaisseur étonnante. Vu de près, ce trait a quelque chose comme trois ou quatre millimètres d'épaisseur. Alberti n'aurait pas du tout apprécié, car il considérait qu'il ne fallait pas qu'on voie le bord de la figure, la ligne de contour créant selon lui une fissure dans la continuité de la représentation. Piero della Francesca créait cette fissure avec une force, une élégance et une beauté de dessin extraordinaires. Cependant, en descendant, on ne voyait plus tout ce que je viens d'évoquer. C'est à nouveau cette intimité de la peinture qui est donnée à voir en montant sur un échafaudage.

Je ne dirai rien sur la chapelle Sixtine. J'ai une admiration totale pour la restauration qui s'y est faite. Elle a bien sûr bouleversé le regard de ceux qui l'aimaient avant, et aussi certaines interprétations considérées comme fondatrices du travail de Michel-Ange dans la chapelle. On s'est rendu compte que les couleurs de Michel-Ange étaient acides, car on a retrouvé des fragments de fresques à l'intérieur du mur, dont les fissures avaient été colmatées à la fin du XVIe siècle. À l'époque, un morceau de fresque avait été enfoncé non pas à l'intérieur du mur, parce qu'il y avait des clés en bois pour soutenir le plâtre, mais du plâtre avait été rajouté pour boucher la fissure. J'étais là quand les restaurateurs ont atteint cette zone. Ils ont enlevé ce qui avait été colmaté, et ont trouvé à l'intérieur ce morceau de fresque qui n'avait été exposé à aucune transformation depuis environ 1570. Le bleu de ce morceau, qui avait été à l'abri de toute intempérie, était extrêmement proche du bleu que les restaurateurs avaient dégagé à côté. Donc, les gens qui disent qu'on a dénaturé les couleurs de Michel-Ange premièrement ne sont pas montés sur les échafaudages, et deuxièmement devraient expliquer pourquoi le grand disciple de Michel-Ange à Florence, Pontormo, peut faire des couleurs aussi acides. Les couleurs de ce peintre dans sa fameuse *Déposition* viennent directement de la chapelle Sixtine telle qu'elle était quand Pontormo l'a regardée. Je ne dis pas qu'aujourd'hui nous avons les couleurs de Michel-Ange de 1510. Mais nous avons des couleurs qui en sont beaucoup plus proches que celles que nous avions en 1980.

Je suis redevable aux restaurateurs d'émotions considérables dues à ces moments d'intimité, soit avec un morceau perdu dans un mur, soit avec un trait de dessin, ou des ombres et des lumières dans la peinture qu'il était impossible de voir à cause de l'état de la fresque. Cela dit, il est clair aussi que l'opération anachronique de la restauration est dangereuse. Je comprends très bien les protestations ou les inquiétudes de ceux qui disent qu'il ne faut pas trop restaurer les œuvres parce qu'on les dénature en prétendant retrouver l'original. Le débat est légitime, mais il faut le poser honnêtement, sans faire de procès d'intention.

Les détracteurs de la restauration ont raison pour deux motifs principaux. Premièrement, les tableaux n'appartiennent pas aux musées, mais à la collectivité. Quand on restaure un tableau, ce n'est pas le musée qui doit en décider parce que cela lui fait plaisir. Entre parenthèses, je ne crois pas que ce soit souvent le cas, un musée restaure un tableau quand il ne peut pas faire autrement, et que le tableau disparaîtra s'il ne le fait pas. L'inquiétude est malgré tout légitime. On peut se demander si, dans certains cas, on ne restaure pas pour faire un joli coup. D'autant plus que les restaurations sont désormais la plupart du temps sponsorisées par de grandes entreprises qui tiennent à ce que cela se voie. On ne va tout de même pas dépenser des millions pour que le tableau soit comme il était avant la restauration ! Comme pour les implantations de cheveux, il faut qu'il y ait un avant et un après. Il faut qu'on voie que le tableau a été restauré pour que le conseil d'administration de Mitsubishi ou Toyota ou autre trouve légitime qu'on ait dépensé de l'argent pour une restauration. Et là je partage entièrement les soupçons et les inquiétudes des détracteurs de la restauration. Cela dit, il faut équilibrer les choses. À part les opérations d'ordre commercial, et je ne crois pas qu'il y en ait dans les musées, tous les restaurateurs que j'ai rencontrés m'ont dit que la restauration était un mal nécessaire. C'est un mal, aucun restaurateur ne dira que c'est un bien, mais c'est un mal nécessaire pour sauver le tableau. Voilà la première règle.

La deuxième règle, très bien énoncée par Ségolène Bergeon, est qu'une mauvaise restauration n'est pas une restauration — ce qui est un point de vue assez abrupt. Car la restauration n'a pas pour but de refaire voir l'original, mais de redonner des conditions de visibilité, non pas premières, mais plus satisfaisantes que ce à quoi on avait abouti à cause de ce temps n° 2, la durée entre le temps original et le temps présent. Ce sur quoi travaille la restauration, ce n'est pas le temps n° 1, ce n'est pas le temps de la production. On ne retrouve jamais ce temps de la production, contemporain de l'original. Elle prétend travailler

sur le temps n° 2, celui qui a déformé le temps
n° 1. Bien sûr, on peut dire que c'est cela l'histoire, ce qu'on appelle la patine, et qu'il faut la
garder. La plupart des restaurateurs tentent de
préserver le plus de patine possible, mais lorsqu'il est question de sauver le tableau, on peut
penser que celui-ci se repatinera à l'avenir. Pourquoi vouloir que cette patine vue quand j'avais
quinze ans soit éternellement celle du tableau ?
Le temps passera et le tableau retrouvera sa patine.
Je serai mort et on peut espérer que le tableau
sera toujours là à se patiner indéfiniment... Il
faudra à nouveau le nettoyer, etc.

Un autre élément du débat est le fait que les
restaurateurs ne prétendent pas retrouver l'original. Ils savent que cet original a existé, mais qu'il
est dorénavant dans les limbes. L'original patiné
n'est pas plus original que l'original dépatiné,
parce que la patine fait partie de l'original. En
plus, allez savoir ce qu'il y a dans la patine : le
désir de garder la patine, c'est surtout de garder l'image que j'ai eue du tableau quand je l'ai
vu patiné. En réalité, il y a bien souvent dans
cette patine une intervention du xviie, xviiie ou
xixe siècle. Et doit-on garder cette intervention
qui a dénaturé les couleurs d'un tableau ? Le débat
est infini.

Pour ma part, je suis favorable à la restauration dans sa déontologie minimale, car elle sauve certaines œuvres, mais il faut aussi avouer qu'elle en détruit — soyons honnêtes, j'ai vu en Italie des cas catastrophiques : ce ne sont pas des restaurations mais des destructions. Mais une restauration menée déontologiquement non seulement sauve certaines œuvres mais aussi, en plus de les conserver, apprend beaucoup de choses sur elles. C'est un point tout à fait important. Elle apprend beaucoup de choses dans la mesure où les techniques contemporaines, je pense entre autres à la radiographie et à la macrophotographie, permettent de mieux comprendre non seulement ce que je vois dans le tableau final mais aussi ce qu'a été le travail du peintre pour arriver à ce tableau final.

Je vais donner ici un exemple qui a déclenché beaucoup de polémiques. C'est la *Déposition* de Rosso Fiorentino au Louvre. J'ai eu la chance d'assister à deux réunions de réflexion, de conseils et de discussion sur la restauration en cours. Je ne dirai jamais assez, à ce propos, l'honnêteté et la prudence des restaurateurs, mais je voudrais surtout évoquer la radiographie. Il faut savoir que celle-ci n'est faite que s'il y a une raison valable de la faire, par exemple une restauration. Or, la radiographie a permis de montrer que Rosso avait complètement changé d'avis en cours de route. Sous le tableau que nous voyons aujourd'hui dans la grande galerie du Louvre, où le Christ a la tête à gauche et les jambes à droite, on voit une composition qui est exactement l'inverse. Non seulement Rosso a changé un détail, mais il a aussi changé toute la composition du tableau en cours de route. On pourrait penser que l'on s'en fiche, puisque ce qu'on voit est ce que Rosso voulait qu'on voie. Mais ce qu'on apprend d'abord, c'est la liberté d'intervention du peintre sur une œuvre en cours, à l'inverse de ce que voudrait faire croire Giorgio Vasari. Il n'y a pas que les Vénitiens qui étaient capables de changer un tableau en cours de route, et qui peignaient à même le tableau, les Florentins aussi. Ce qui est fascinant dans le Rosso, c'est que certains des éléments de la première composition, les bras, les jambes, les épaules, sont gardés rigoureusement identiques dans la deuxième. Alors qu'il a tout changé, il garde quand même tel élément qui n'appartient plus à la même figure. Quand j'ai compris les enjeux de ces transformations, après une longue étude de la radiographie, la virtuosité et le maniérisme de Rosso me sont apparus dans toute leur intensité. Il est un des grands peintres maniéristes de la moitié du XVIᵉ siècle, le créateur de la galerie François Iᵉʳ de Fontainebleau. J'ai vraiment vu surgir, dans ce qui était caché, donc dans l'intimité du travail du peintre, l'intensité et l'intellectualité de son maniérisme avec une puissance extraordinaire. Et cela grâce à l'opération de restauration qui avait suscité la radiographie.

J'ai été très touché à ce moment-là par le fait qu'on atteigne le peintre au travail grâce à une technique froide, inhumaine. Je ne suis pas naïf, je ne dis pas qu'on atteint ainsi le peintre au travail dans sa tête même, mais on peut avoir tout à coup la trace, le vestige d'une pensée en acte. On a dit que Rosso était un peintre inquiet, un des premiers grands peintres suicidés de l'histoire de l'art. Je pense que ce n'est pas une inquiétude psychologique, mais une inquiétude de créateur, toujours en quête de la solution la plus économe et la plus brillante possible. C'est la restauration qui a permis de faire surgir cette intimité avec l'invention de Rosso à même son tableau. Ainsi, la restauration est une opération anachronique, et en même temps, à rebrousse-poil, un instrument pour entrer dans l'intimité des œuvres que l'historien de l'art ne peut pas ne pas approuver. Cette histoire d'intimité de la peinture est aussi une des portes qui s'ouvrent.

23

Quelques déclics personnels

L'acte de photographier moi-même les tableaux et leurs détails, dont je ne savais pas exactement ce qu'ils contenaient, m'a conduit à une sorte de micro-histoire de la peinture, une histoire rapprochée qui implique de renouveler les instruments de l'histoire faite de loin, et aussi d'en constituer de nouveaux.

Le premier instrument à renouveler est bien entendu l'iconographie. C'est une technique bien établie et absolument nécessaire à l'interprétation du tableau, qui consiste à identifier un personnage ou un thème à travers un certain nombre d'objets. L'exemple célèbre proposé par Panofsky, c'est la distinction entre Judith, qui a décapité Holopherne, et Salomé, dont la danse a entraîné la décapitation de saint Jean-Baptiste. Comment les différencier étant donné qu'elles tiennent toutes les deux une tête coupée dans un plat ? Judith aura une épée, contrairement à Salomé. L'épée est donc

un signe diacritique permettant d'affirmer laquelle
des deux est représentée. Ce texte bien connu de
Panofsky est fondateur des *Essais d'iconologie* — bien
que Jean Wirth se soit empressé de montrer qu'il
y avait des Salomé avec une épée !

Bref, l'iconographie, c'est distinguer un personnage ou un thème d'un autre par des caractères très précis. Or, lorsqu'on travaille à une
histoire rapprochée de la peinture, on est obligé
de se dire que Judith est Salomé. Beaucoup de
tableaux fonctionnent sur le fait le personnage est à la fois Judith et Salomé. Il s'agit alors
de comprendre les raisons de la condensation de
ces deux figures dans le tableau. Ainsi, l'iconographie ne s'établirait plus à partir des distinctions d'idées, de thèmes ou de motifs, mais à
partir des associations d'idées. Il s'agit là de comprendre comment s'associaient les idées aux xve,
xvie et xviie siècles. Évidemment, ce projet peut
hérisser plus d'un historien parce qu'on risque
l'arbitraire complet. Car non seulement je faisais
l'éloge de l'anachronisme, mais à présent je fais
celui de l'association d'idées, qui est le contraire
de la démarche historique objective sérieuse.
Cependant les associations d'idées ont toujours
existé et l'historien, s'il les néglige, passe à côté
du fonctionnement de certaines œuvres qui s'ar-
ticulent précisément sur ces associations. Pour

pouvoir en faire un instrument d'histoire, il faut
éviter l'anachronisme dans l'association d'idées,
et par ailleurs bien comprendre que ces associations obéissaient à des règles.

Il faut rechercher quelle association était possible et vraisemblable dans les conditions sociales
et historiques de production. Je pense ici à un
travail en cours d'une étudiante sur un tableau de
Véronèse qui est à Lyon, et dont le titre a changé ill. 43
au cours des siècles. Tantôt c'était *Bethsabée et
David*, et tantôt *Suzanne et les vieillards*. Bethsabée est cette femme faisant sa toilette aperçue et
désirée par David, avec laquelle il va commettre
l'adultère. Suzanne, elle, prend son bain, et est
aperçue par des vieillards qui lui font une proposition malhonnête : elle la refuse, et pour se ven-
ger les vieillards l'accusent d'avoir commis un
adultère. Voilà donc deux histoires dont l'une
aboutit à un adultère et l'autre, au contraire, à
une accusation non fondée d'adultère. Le tableau
de Véronèse est à la fois Suzanne et Bethsabée.
On peut le dire parce que le thème de Suzanne
est présent dans le tableau, à travers une fontaine
et la présence d'un vieillard ; cependant il n'y a
qu'un vieillard alors qu'ils sont d'habitude plusieurs, on retrouve donc le couple Bethsabée et
David. Mais David n'est traditionnellement pas

représenté vieux, et de plus il ne vient pas à Bethsabée mais envoie un jeune messager. Donc ce n'est pas David, donc ce sont les vieillards, donc c'est Suzanne : on n'en sort plus. On pourrait penser que Véronèse n'a pas compris la différence entre ces deux personnages, mais il y a peu de chances car c'est le commanditaire qui a dû déterminer l'iconographie du tableau. Quelles sont alors les raisons du mélange de ces deux motifs ? C'est là le travail tout à fait remarquable entrepris par Joséphine Le Foll. Elle s'est d'abord fondée sur la culture vénitienne des deux thèmes, ce qu'ils représentaient à Venise au XVIe siècle, leurs points communs, leurs commanditaires. Or, ce tableau a été commandé à l'occasion d'un mariage, et le thème en était l'adultère. Cette étudiante est au bord de faire une magnifique démonstration des troubles de l'iconographie reposant sur les troubles du regard et de la peinture elle-même.

Il faut, pour faire une iconographie historique des associations d'idées, éviter l'anachronisme et se fonder sur les pratiques sociales et culturelles concrètes de l'époque. Par ailleurs, il faut s'assurer d'identifier le motif de l'association, ce qui fait qu'il y a condensation. Pour cela, il faut tenter de trouver ce que j'appelle le plus petit dénominateur commun entre les thèmes associés, qui est le noyau même où se trouve la cause de la condensation. Il faut le trouver dans la culture du temps. Dans le cas de Suzanne et Bethsabée, le thème qui les rassemble est celui de l'adultère et de la justice. Bethsabée a commis l'adultère, mais dans la maison de David d'où viennent la Vierge et Jésus, ainsi elle peut devenir une figure de l'Église. En revanche, cette idée de l'enchevêtrement des thèmes peut apparaître moderne mais en même temps tout à fait fondée en histoire. J'ai d'ailleurs été frappé de lire dans un manuel d'iconographie de Vincenzo Cartari publié à Venise en 1556, *Les Images des dieux des anciens* : « Il n'y a pas à s'étonner de voir que les dieux des anciens sont enchevêtrés les uns avec les autres, qu'un même dieu montre souvent diverses choses et que divers noms signifient parfois une même chose. » Cela m'a rappelé immédiatement un texte de Freud que je me suis empressé de relire, et dont je vais vous citer un passage : « Non seulement les éléments du rêve sont déterminés plusieurs fois par les pensées du rêve, mais chacune des pensées du rêve y est représentée par plusieurs éléments. Des associations d'idées mènent d'un élément du rêve à plusieurs pensées, d'une pensée à plusieurs éléments. »

Il s'agit ici de forger de nouveaux outils : l'idée

de l'iconographie des associations d'idées m'a mené à celle de condensation, le texte de Cartari m'a renvoyé à Freud. Donc, parmi les instruments nouveaux dont une histoire rapprochée de la peinture doit se servir, il y a évidemment pour moi ces quarante pages que Freud consacre au travail du rêve dans *L'Interprétation des rêves*, notamment ce qu'il dit sur la surdétermination des éléments du rêve. Lorsque je donnais des cours, il y a très longtemps, en premier cycle à l'université, je conseillais en première lecture à mes étudiants ces quarante pages. Pourquoi ? Pourquoi aller chercher le travail du rêve pour interpréter la peinture de la Renaissance ? Cela peut sembler complètement arbitraire, car le travail du rêve est lié à la psychanalyse et à l'idée d'inconscient. Or, ce qui m'intéresse n'est pas l'inconscient du tableau, mais plutôt l'élaboration du message à l'intérieur du tableau. Et pourtant, le travail du rêve tel que le définit Freud m'intéresse pour une raison très simple. Freud dit que le rêve ne pense pas, mais qu'il travaille. Il transforme des pensées normales en rébus à travers des images. Que fait un tableau classique ? Il transforme un texte de référence en image. Si on n'a pas le texte de référence, le tableau devient un rébus.

J'ai beaucoup aimé donner des cours en premier cycle, car étant donné la perte de culture générale des étudiants, religieuse en particulier, ils ignoraient tout de tout. C'était magnifique, car devant une Annonciation par exemple, je sais quant à moi tout de suite de quoi il s'agit, je peux décliner l'ensemble des motifs, mais j'adorais faire des exposés sur ce sujet, parce que le fait que certains étudiants ne connaissent rien donnait lieu à de magnifiques descriptions. Je pense notamment à celle d'une étudiante sur une Annonciation de Filippino Lippi. Elle avait décrit ainsi le tableau : « À gauche, il y a un jeune homme richement vêtu avec des ailes. C'est peut-être un ange. Ce jeune homme a l'air de rendre hommage à une jeune femme vêtue d'un très beau manteau bleu. Au-dessus à gauche, bizarrement, il y a un vieillard accoudé sur un nuage, peut-être Dieu. » Voilà qui illustre comment, si l'on a perdu le texte de référence, l'image est un rébus. On n'apprend rien par une image. L'image sert à rappeler quelque chose, mais si on ne sait pas ce qu'elle dit, on ne l'apprend pas par elle. Il y a d'ailleurs aujourd'hui des allégories dont on a perdu le sens, comme celles de Piero di Cosimo.

La peinture transforme donc un texte en figures énigmatiques. Le travail du rêve, les opérations décrites par Freud pour rendre compte de ce travail que fait le rêve, transforment les pensées en images, tout comme un tableau. Toutes ces opérations de condensation, de prise en considération de la figurabilité, de déplacement et d'élaboration secondaire, sont très opératoires en ce qui concerne l'analyse de la peinture, pour ce travail propre de pensée de la peinture.

Mais alors, qu'y a-t-il entre le texte de référence et l'œuvre achevée ? Dans le travail d'interprétation du rêve, la source est l'écoute du récit du rêveur. Comment faire pour effectuer ce travail pour un tableau, étant donné que la peinture est muette ? Je vais emprunter ici un terme utilisé par Hubert Damisch dans son livre *Fenêtre jaune cadmium*, qu'il emprunte lui-même à Poussin. Il dit qu'entre le texte de source et le tableau final, il y a les pensées, et plus précisément les « pensements » du peintre. Poussin évoque par ce terme les réflexions du peintre conduites le pinceau ou la plume à la main, ce sont donc les dessins préparatoires. *L'Enlèvement des Sabines* par exemple : il y a deux tableaux de Poussin, très différents l'un de l'autre sur ce thème, distants de trois années. Entre ces deux versions, il y a une série d'une dizaine de dessins préparatoires qui nous montrent comment Poussin passe progressivement d'une première à une deuxième idée, à travers un travail de transformation radicale de l'image où s'opèrent des déplacements, des prises en considération de la figurabilité, alors qu'il se base sur le même texte de référence. Toutes les opérations du travail du rêve peuvent ainsi se retrouver à l'intérieur de ce travail de Poussin. C'est donc là un des nouveaux instruments à la disposition de l'historien travaillant pour une histoire de l'art rapprochée.

Le deuxième élément, que je dois à la fréquentation de Louis Marin, réside dans le fait de travailler la représentation classique de peinture à l'aide de la théorie classique du signe, et en particulier telle que l'exprime la *Logique de Port-Royal*. Louis Marin a écrit des textes admirables et d'une richesse extrême sur ce point, que je ne résumerai pas ici. Deux points m'ont paru essentiels dans son travail. Tout d'abord, le « Je pense » qui accompagne toute représentation, point essentiel pour analyser la perspective et comprendre son fonctionnement dans la peinture classique. Le deuxième point de cette théorie classique du signe est l'idée que le signe se présente représentant. Cela veut dire que le signe n'est pas seulement la représentation de quelque chose, il est conjointement la présentation de cette représentation. Dès lors que je perçois le signe, c'est-à-

dire le tableau, se présentant comme représentation, la transparence transitive du signe s'opacifie.
L'effet réflexif, le fait que le tableau se présente
représentant, opacifie la transparence de la représentation et a pour conséquence sur le sujet regardant de se percevoir lui-même comme sujet
regardant, c'est-à-dire d'avoir un effet d'affect.

Cela signifie par exemple que le bord d'un
tableau est toujours un élément très intéressant.
Ou bien c'est le cadre, conçu pour être la « bor-
dure » comme disait Poussin, ou bien c'est le
bord en tant qu'il est peint comme bord. Et dès
lors que le bord est peint comme tel, le tableau
se présente comme représentation. Si vous com-
mencez à regarder ce qui se passe sur les bords de
tableaux peints comme bords, vous aurez des surprises sur l'intensité de l'investissement signi-
fiant théorique, mais aussi très souvent affectif de
ce bord de tableau.

ill. 44   Un des plus beaux exemples est la *Pietà* de
Giovanni Bellini à la galerie Brera de Milan. Le
bord peint devient un rebord, qui semble être le
bord du tombeau du Christ, mais qui ne l'est pas
puisque rien ne l'indique. C'est à cet endroit que
Giovanni Bellini a mis sa signature, sous la forme
d'un *cartello*, qui est une citation déformée d'une
élégie de Properce. C'est aussi la seule fois où le

peintre signe en écrivant d'abord Bellini avant Giovanni. Son prénom est placé juste en dessous de la main du Christ mort, et une goutte de sang coule de cette main sur le prénom Giovanni, qui en italien correspond au nom de Jean. Il se trouve que c'est saint Jean, San Giovanni, qui tient Jésus du côté où est marqué Giovanni. C'est sur ce bord que le tableau, se présentant comme représentation, trouble la transparence de la représentation et exerce un effet d'affect absolument extraordinaire.

On ne peut percevoir ce genre d'enjeu que si l'on regarde de très près, et si l'on a aussi des outils permettant de théoriser ce que l'on voit, car sinon on se contente de voir sans savoir. Il faut donc savoir voir, mais aussi avoir l'outil permettant aujourd'hui de théoriser ce qu'on voit, ce qui était peut-être beaucoup plus évident pour les gens du XVe siècle. Avec nos outils d'aujourd'hui, nous ne pouvons pas retrouver ce regard, mais retrouver les questions que posait ce regard.

24

Le rien est l'objet du désir

Le Verrou de Fragonard a été pour moi l'occa- ill. 2
sion d'une assez grande surprise. Le tableau est
de dimensions moyennes. Sur la droite, le jeune
homme enlace la jeune femme, et de la main
droite pousse le verrou du bout du doigt, ce qui
est assez irréaliste. La jeune femme serrée contre
lui se pâme et le repousse. Toute la partie gauche
du tableau est occupée par un lit dans un extraordinaire désordre : les oreillers épars, les draps
défaits, le baldaquin qui pend... Un spécialiste
de Fragonard a eu cette formule admirable pour
décrire le tableau : « À droite le couple, et à
gauche, rien. » Ce rien représente quand même la
moitié du tableau, mais ce spécialiste avait tout à
fait raison, car ce rien correspond au *res* que j'évo-
quais il y a quelque temps, et qui est la chose
elle-même. Effectivement, il n'y a pas de sujet
dans cette partie du tableau, juste des drapés, des
plis, donc finalement de la peinture.

Et j'ai eu une surprise en observant les oreillers du lit. Leurs bords étaient anormalement dressés, comme des pointes vers le haut. En regardant dans la direction de ces pointes, j'ai vu que dans le baldaquin s'ouvrait légèrement un tissu rouge, avec une belle fente allant vers l'obscur. Ce baldaquin est d'ailleurs invraisemblable, puisqu'il y a un verrou ridicule de chambre de bonne, et comment une chambre de bonne contiendrait-elle un tel baldaquin ? Ce repli noir dans le tissu rouge peut cependant avoir du sens par rapport à ce qui va se passer, d'autant plus que le drap de lit qui fait l'angle au premier plan jouxte la robe de la jeune femme et est fait du même tissu que cette robe. Si vous regardez bien cet angle, c'est un genou. Il apparaissait donc étrangement que ce rien était en fait l'objet du désir ; il y a le genou, le sexe, les seins de la jeune femme, et le grand morceau de velours rouge qui pend sur la gauche et qui repose de façon tout à fait surréaliste sur une double boule très légère avec une grande tige de velours rouge qui monte. C'est une métaphore du sexe masculin, cela ne fait aucun doute. Dès lors que je le dis aussi grossièrement, le tableau se trouve évidemment dénaturé, car celui-ci ne dit rien. Justement, il n'y a rien. Mais on voit ou on ne voit pas. On a envie de voir ou pas. Et s'il est vrai qu'il n'y a rien, il y a quelque chose de proposé, et je crois que c'est exactement cela, la peinture.

Cette partie gauche du tableau de Fragonard, ce rien, est un détail qui prend tout de même la moitié de la toile et qui est lui-même composé d'une multiplicité de détails qu'on pourrait démultiplier à leur tour. Tout ce que je peux dire de ce détail qui occupe la moitié du tableau, c'est que c'est un lit à baldaquin en désordre, et si je commence à nommer la chose, mon discours se teinte d'une vulgarité qui ne correspond pas du tout au tableau. Or, ce n'est rien d'autre que de la peinture, du drapé, et l'on sait bien que le drapé est le comble de la peinture. Être confronté à l'innommable est aussi ce qui m'a passionné dans *Le Verrou*. Nommer le lit comme genou, sexe, sein, sexe masculin dressé, est scandaleux, car c'est précisément ce que ne fait pas le tableau. Il ne le dit pas, ne le montre même pas, à moi de le voir ou non.

Je suis donc confronté à l'innommable, non parce que la peinture est dans l'indicible, ce qui impliquerait une notion de supériorité, mais parce qu'elle travaille dans l'innommable, dans l'en deçà du verbal. Et pourtant, ça travaille la représentation, mais dès que je nomme, je perds cette qualité d'innommable de la peinture elle-même. C'est là un des ressorts de la passion des historiens de l'art pour la peinture. Car un historien discourt, produit des mots. Il fait un procès-verbal de la peinture, donc de ce qui échappe à tout procès-verbal dans les deux sens du terme : la peinture échappe au processus verbal et au procès-verbal que l'on dresse. Le résultat de cet innommable de la peinture, dont le tableau de Fragonard me paraît un parfait exemple, est que la peinture est constamment dans un statut d'objet du désir. Je choisis comme objet d'étude d'écrire ou de parler sur la peinture, qui est précisément ce qui échappe à l'écriture ou au discours. La peinture reste donc objet du désir : plus j'en parle, plus je serai amené à en parler. C'est inévitable. À chaque fois que j'en parle, je la restaure comme ce qui échappe à ce que j'en dis! Je me suis même demandé si cette fascination pour la peinture n'avait pas à voir avec quelque chose de l'ordre du regard enfantin. Baudelaire dit qu'il faut regarder les choses en nouveauté, qu'il faut les regarder en enfance, c'est-à-dire avec ce regard qui se situe avant le langage, celui où l'on ne peut qu'imaginer (puisque l'enfant ne dit rien). C'est un regard qui appartient au moment où le réel est encore du réel et n'est pas devenu un monde. C'est encore un flux, un continu sans ruptures, sans découpes, sans grilles mises par les mots, qui viendront nommer le flux et organiser progressivement le réel en monde. J'ai le sentiment que la fascination pour la peinture, le fait qu'elle ne soit pas dans le procès-verbal et que la couleur soit du continu, a quelque chose à voir avec cela. L'idée me tente, car elle explique aussi pourquoi l'historien de l'art accumule les détails iconographiques, les thèmes, et va par la suite rechercher tous les sens possibles du thème qu'il étudie.

Personnellement j'accumule les détails. J'en ai utilisé un certain nombre dans mon livre sur les détails, mais il m'en reste autant dont je n'ai pas parlé. Je pourrais faire un autre livre avec, ce qui ne servirait cependant à rien puisque je dirais, avec d'autres exemples, les mêmes choses que dans le premier. Mais je pourrais faire une liste un peu surréaliste, avec par exemple un œillet, deux mouches ou un escargot, qui me renvoient à un tableau particulier. J'ai aussi un très beau cordon ombilical, non pas dans un bocal mais sur une diapositive. C'est une sorte d'accumulation enfantine de détails, comme lorsqu'un petit enfant se promène et ramasse un petit morceau de tout ce qu'il trouve : un morceau d'écorce, un caillou, une plume d'oiseau. Il garde cela précieusement, l'accumule. Cette curiosité devant les tableaux a ce quelque chose d'enfantin…

Parmi les objets de peinture que je trouve particulièrement fascinants, il y a le miroir, et pour de nombreuses raisons. Tout d'abord, on est bien fondé en tant qu'historien de s'intéresser au miroir, car c'est le modèle du peintre. Un modèle et un correcteur du peintre. Alberti dit que Narcisse est l'inventeur de la peinture — car qu'est-ce d'autre de peindre qu'embrasser l'ensemble de la surface de la source ? —, et aussi que le peintre doit utiliser un miroir pour vérifier ses tableaux. Il dit qu'il est étrange de voir comment les choses bien peintes acquièrent de la grâce dans le miroir, alors que celles qui ont un défaut y apparaissent comme plus affreuses. Le miroir est donc un transformateur de la peinture. Dès le xvᵉ siècle, on a pris conscience de son rôle de maître, de modèle, et aussi de révélateur qui fait surgir plus encore que le tableau lui-même. Ensuite, on sait que les peintres utilisaient des miroirs. Certaines perspectives courbes du xvᵉ siècle flamand sont le fait de l'utilisation de miroirs convexes. Il est donc tout à fait légitime de s'intéresser au miroir, ce qui est le cas de beaucoup d'historiens de l'art. Ce qui m'intéresse quant à moi, c'est que le miroir nous montre l'envers des choses, l'autre côté. Par exemple, dans une peinture, lorsqu'un personnage se tient devant un miroir, celui-ci nous ren-

voie ce qu'on ne voit pas du personnage. On verra
par exemple son dos, ou son autre profil. Je pense
à *Mme Moitessier*, qui nous regarde et dont le   ill. 41
miroir derrière elle nous montre la nuque. Elle a
d'ailleurs une très jolie nuque, c'est peut-être
pour cela qu'il y a une tache sur sa robe !

Le miroir montre toujours ce que nous ne
voyons pas dans ce que nous voyons. Les peintres
en ont parfaitement conscience et l'ont parfois
utilisé. Nous avons évoqué Les *Ménines* de Veláz-   ill. 39
quez et le problème du miroir de ce tableau, qui
est « idéel » et non réel. Comme l'évoquait Michel
Foucault, il ne reflète pas ce qu'il devrait. On y
voit le roi et la reine, qu'on ne devrait pas voir, et
on n'y voit pas ce qu'on devrait y voir, puisqu'il
ne reflète que le roi et la reine. Le miroir devient
un objet fascinant, où l'envers travaille ce qui se
voit, c'est-à-dire que ce qui ne se voit pas travaille ce qui se voit dans la peinture.

Parmi toute cette collection, j'ai un faible pour
un petit miroir ovale d'environ cinq centimètres   ill. 45
de haut, présent dans une *Immaculée Conception*
d'un peintre aujourd'hui peu connu, Garofalo.
Son nom veut dire « œillet », c'est pour cela que
je disais en avoir dans ma collection. L'œillet était
sa signature — quand il n'en mettait pas dans ses
tableaux, cela avait d'ailleurs une signification

particulière. L'Immaculée Conception représente la Vierge en tant qu'elle a été conçue sans tache. Ses attributs sont la tour, le jardin clos et le miroir sans tache. Dans le tableau de Garofalo, le miroir pourtant petit a de loin attiré mon regard par une tache qui était une sorte de coulée blanche, nécessaire pour indiquer le miroir. Ce n'est pas vraiment une tache, c'est une fausse tache : elle est transparente iconiquement puisqu'elle signifie l'objet réfléchissant qu'est le miroir. Puis, en m'approchant très près, à soixante-dix centimètres du tableau, j'ai vu une seconde tache, obscure. Dans la zone sombre de ce petit miroir ovale, dans la vibration du noir, j'ai vu un portrait, un visage qui me regardait très tranquillement. Le tableau a été peint vers 1535, et depuis cette date ce visage était là, regardant sans que personne ne le voie. J'ai pris des photos. On pense tout de suite à un autoportrait de Garofalo, or il y a quelque chose de scandaleux de la part d'un peintre à le faire dans le miroir sans tain de la vierge. C'est une souillure sacrilège, surtout de la part de Garofalo, qui était un dévot. J'ai été ravi car aucun des conservateurs de la galerie Brera n'avait remarqué ce portrait, mais ce qui m'a le plus étonné, c'est qu'il avait vraiment été peint pour ne pas être vu. Aujourd'hui, nous pouvons contempler cette *Immaculée Conception* de près dans la galerie Brera, mais à l'origine, ce tableau était destiné à la partie cloîtrée de l'église du couvent de religieuses de Saint-Bernardin de Ferrare. Or, les sœurs ne pouvant célébrer la messe, elles ne s'approchaient pas de l'autel, il était donc impossible qu'elles puissent s'approcher du tableau au point d'apercevoir le visage. Et pourtant, Garofalo l'a peint... C'est l'un des détails d'une histoire à rebondissements et à surprises, sachant en plus que le peintre a fait don de ce tableau aux sœurs...

Mais revenons au miroir. Garofalo était un ami de Giorgione. Or, on a supposé que ce dernier avait peint un tableau de saint Georges dans lequel celui-ci dépose son armure au bord d'une fontaine, donc un miroir d'eau. On le voyait sous toutes ses coutures, de face, de profil, d'en dessous dans la fontaine, et de dos dans l'armure posée contre un arbre. Giorgione avait ainsi démontré la supériorité de la peinture sur la sculpture, puisque la peinture peut tout montrer d'un seul coup d'œil. Ce tableau de Giorgione ressemble étrangement à la description d'un tableau de Van Eyck par Bartolomeo Fazio au xve siècle. Je suis personnellement persuadé que le tableau de Giorgione n'a jamais existé, mais qu'on lui a attribué le tableau de Van Eyck. La meilleure preuve, pour ma part, en est la transformation de l'histoire du *Saint Georges* de Giorgione au fil du xvie siècle. Au départ saint Georges dépose son armure, ensuite il est nu (ce qui est franchement assez rare), puis cela devient une jeune femme nue au bord d'une fontaine, et chez Lomazzo, toujours attribué à Giorgione, le tableau devient la peinture nue à la source. Je trouve cette série admirable car elle montre comment, dans le *topos* du reflet dans le miroir du « Saint Giorgione », se jouait la source même de la peinture. L'origine même de la peinture mise à nu dans sa capacité de faire oublier qu'elle a un auteur, et où elle est, sinon un reflet, du moins une sorte de magie du monde. Voilà un détail fascinant puisqu'il n'existe pas, puisque le tableau n'a jamais existé non plus. Il est magnifique qu'au xvie siècle on ait pu faire l'histoire très détaillée d'un tableau que personne n'a jamais vu. Cela fait penser aux sourcils de *La Joconde*, dont Vasari dit qu'ils sont peints poil par poil, alors qu'en fait elle n'en a pas.

25

Peut-on se faire historien
de son temps ?

Je trouve l'art contemporain — celui des dix
dernières années, l'art vivant, actuel — difficile à
définir. Entre parenthèses, je trouve que c'est
toujours un problème, cette notion d'art contemporain. Car on dit art moderne, art contemporain,
or quand l'art actuel devient-il contemporain ? et
quand l'art contemporain devient-il moderne ?
J'aimerais qu'un historien de l'art contemporain
m'aide à clarifier ces distinctions. Je suis en tous
les cas très intéressé par la période actuelle, que je
trouve passionnante à cause à la fois de l'enchevêtrement des pratiques artistiques différentes et
des supports artistiques, mais aussi conjointement
et inévitablement de la fragilisation du système
des beaux-arts, qui a pour conséquence la perte
de prestige de la peinture. Comme disait Léonard, elle était le couronnement des trois arts du
dessin, un art universel. Aujourd'hui, en France,
la peinture n'a plus la cote. Ailleurs elle l'a,

continue de l'avoir ou la retrouve, mais la peinture n'est plus le grand art qu'elle était. C'est d'une certaine manière une très bonne chose, car elle continue d'être un grand art, et laisse la place d'exister à d'autres expressions artistiques.

Ce qui m'intéresse dans la période contemporaine, c'est l'ouverture des pratiques et l'ouverture des œuvres à l'action du spectateur. Celui-ci devient coauteur. Donc, même la notion de spectateur, née au xviiie siècle, n'a plus de sens. À la fin du xxe siècle, elle n'a pas disparu puisque des œuvres se proposent toujours aux spectateurs, mais beaucoup sont considérées comme des œuvres d'art sans avoir de spectateurs mais plutôt des coacteurs, ou des coauteurs, ou des coperformeurs. Je ne pense pas pour autant que l'ancien système des arts soit défunt. Il y a simplement un enrichissement des pratiques artistiques, même s'il s'accompagne d'un « désœuvrement de l'art », dans le sens d'une perte de l'œuvre. La notion d'œuvre est très critiquée, on préfère le processus de création à l'œuvre elle-même, cela montre en même temps qu'on a toujours besoin de l'art, et je reste hégélien en pensant que l'art est un besoin de l'esprit.

Je trouve aussi passionnante la possibilité de parler avec l'artiste. J'aurais aimé pouvoir discuter avec Raphaël ou Léonard. Aujourd'hui on peut.

Ce n'est pas nécessaire, mais cela oblige à se rappeler qu'en tant qu'historien on vient toujours en second, même si on travaille sur des œuvres du passé. L'historien est la deuxième main tandis que l'artiste prime. Et converser avec lui a le mérite, non pas de corriger le discours de l'historien (car l'artiste peut lui-même se tromper sur son travail), mais d'amener l'historien, ou le critique, à garder une position de réserve, un respect vis-à-vis de l'artiste, au sens actif du terme. J'ai personnellement une très grande admiration pour les artistes, quel que soit leur médium et même s'ils ne sont pas très bons, parce qu'ils prennent des risques. Ils partent de rien pour en faire quelque chose. L'historien ou le critique, de son côté, part de quelque chose pour en faire autre chose, ce qui est très intéressant mais secondaire. Je pense toujours à cette phrase de Chardin que rapporte Diderot dans sa préface au Salon de 1765 ou 1767 : Chardin était responsable de l'accrochage des tableaux (titre très important qui lui donnait le pouvoir de mettre en avant ou de désavantager un tableau), il dit à Diderot, après lui avoir fait visiter le Salon : « Monsieur Diderot, de la douceur… », avant que celui-ci ne commence à descendre sauvagement les peintres…

Il m'est arrivé d'écrire sur l'art contemporain,

mais toujours sur demande, car jamais je ne me serais cru avoir l'*auctoritas* pour écrire sur l'art contemporain. Le premier à me l'avoir demandé est Yvon Lambert, à propos d'Andres Serrano, le photographe américain, puis à propos d'Anselm Kiefer, le peintre allemand. Puis Myriam Salomon et Catherine Millet d'*Art Press* m'ont demandé d'écrire sur Rothko et Cindy Sherman, la photographe américaine. Il y a eu aussi l'éditeur Léo Scheer, qui m'a demandé d'écrire sur Alain Fleischer et sur Éric Rondepierre. Bien sûr, si je connais un peu l'artiste ou s'il me plaît, je suis très honoré de la proposition, mais je me demande toujours pourquoi on fait appel à un historien qui s'occupe plutôt du XVe siècle pour écrire sur l'art contemporain. Avant d'accepter, je me demande donc si ce n'est pas là une sorte d'alibi, si l'historien de culture classique, habitué au « *high art* », au grand art, ne serait pas un alibi culturel pour promouvoir des artistes contemporains et faire la reconnaissance, la valeur « art » de l'institution scientifique de l'histoire. C'est une grave question, car si c'était réellement le cas, je n'aurais bien sûr jamais pu écrire comme je l'ai fait. Franchement, je ne crois pas que les gens pour lesquels j'ai écrit aient besoin d'alibi, que ce soit *Art Press* ou Yvon Lambert.

Je crois qu'il y a une autre raison, qui est une variation sur l'anachronisme. Car cet anachronisme consistant à faire appel à un historien du passé pour commenter l'art du présent permet de s'interroger sur le caractère opératoire de la théorie et des concepts classiques sur l'art contemporain, qui lui-même a complètement rompu avec cette théorie classique. Dans quelle mesure les concepts classiques d'imitation, d'expression et de style sont-ils encore opératoires dans la pratique d'aujourd'hui ? Bien entendu, les artistes contemporains sur lesquels je me sens légitimé à écrire sont essentiellement des artistes figuratifs et des photographes — il y aurait beaucoup à développer sur la photographie comme continuation de la peinture.

Même Rothko, par exemple, avant ses grandes abstractions célèbres, était un peintre figuratif, très marqué par le surréalisme. Ce qui m'a concerné à son propos, c'est le processus de disparition de la figure dans l'abstraction, ou plutôt (car cette disparition s'est déjà produite chez Mondrian) comment la figure s'était engloutie dans l'abstraction, et comment elle continuait à travailler, comment il y avait dans cette abstraction un corps absent continuant à travailler. C'est là je pense une des dynamiques les plus fortes du travail de Rothko, et je ne pouvais poser cette question qu'à partir du moment où je venais de l'art classique.

L'autre point que je trouvais intéressant de développer à propos de Rothko, c'est qu'il avait été qualifié de « sublime » par Rosenberg. Il m'a semblé intéressant de mettre cette qualification contemporaine à l'épreuve de la définition classique. D'après certains échos, le résultat n'était pas sans intérêt, car l'approche classique de la notion de sublime ne recouvrait pas exactement la conception contemporaine, et du jeu entre les deux venait surgir quelque chose qui n'était pas sans intérêt pour Rothko, qui avait lui-même une très grande culture. Parler du sublime classique n'était pas indifférent à sa culture. Il ne s'agit pas de dire qu'il y aurait une continuité entre art classique et art contemporain, ni de suggérer que nous traversons une petite crise de l'art et que les grandes valeurs sûres reviendront un jour. Je pense que l'art d'aujourd'hui est aussi intéressant que l'était celui du XVIIᵉ ou du XVIIIᵉ siècle. Il y a autant de bons artistes à présent qu'il y en avait dans le passé, simplement nous sommes aujourd'hui submergés de noms d'artistes. Mais c'est tout à fait normal, car si vous regardez le Salon de Diderot, vous verrez le nombre d'artistes, d'une médiocrité absolue, dont on ne sait plus rien maintenant. L'art contemporain est donc aussi intéressant que l'art ancien, et il n'y a pas de continuité entre les deux.

Ce qui m'intéresse, c'est la relève contemporaine d'enjeux artistiques anciens. Ce sont des enjeux qui remontent à Pline l'Ancien, à l'Antiquité romaine. Comment les pratiques contemporaines peuvent-elles faire une relève d'enjeux anciens ? Toutes les œuvres ne s'y prêtent pas. Je serais personnellement incapable, malgré tout le goût que j'ai pour son œuvre, d'écrire sur le travail de Buren, car je ne vois pas en quoi sa pratique relève des enjeux anciens de l'art. Il y a des propositions qui échappent à la problématique classique. En revanche, la série de photos d'Andres Serrano intitulée *Morgue*, pour laquelle Yvon Lambert m'avait demandé d'écrire, présente des détails d'individus morts photographiés à la morgue de New York qui m'ont beaucoup intéressé. Cette série avait fait scandale, mais Serrano aime faire scandale. J'ai failli ne rien écrire, tant les images étaient impressionnantes, puis j'ai rencontré l'artiste à New York et nous avons discuté pendant toute une journée. J'ai ensuite trouvé un moyen d'« accrocher » Serrano à mes problématiques par l'idée de la *venustas*, cette beauté vénusienne de la vie qui court sous la peau. Je crois vraiment que l'enjeu le plus profond du travail de Serrano est la *venustas* de la mort. C'est cela qui fait scandale, prétendre que le visage d'un bébé mort est doué d'une *venustas* : ça va très loin… J'ai donc une très grande admiration pour la série *Morgue* de Serrano, mais pas pour toute son œuvre, certaines de ses provocations étant parfois vraiment trop élémentaires.

De même Cindy Sherman, depuis ses *Film Stills*, ses premiers photogrammes de cinéma, jusqu'à ses autoportraits, mis en scène tout à fait autrement. Ce qui m'a fasciné chez elle, que j'ai aussi rencontrée, c'est de penser au Narcisse d'Alberti en regardant son travail. Le narcissisme de Cindy Sherman n'était pas un narcissisme au sens analytique simplifié d'une psychanalyse de bas étage, mais le Narcisse d'Alberti qui travaillait sa représentation.

Mais ma plus grande surprise dans le contemporain a été Anselm Kiefer, l'artiste sculpteur allemand. J'ai consacré cinq ou six ans à son travail. J'ai récolté des informations sur la culture et la société allemandes, la situation de la peinture allemande dans l'après-guerre, etc. Kiefer a beau être un artiste contemporain, la méthode que j'ai utilisée est celle d'un historien classique. J'ai recherché comment se faisait son travail, non pas *de* mémoire, mais *sur* la mémoire. Il est né en 1945, ses premières œuvres datent de 1970. Il participe à cette remise en cause de la culture allemande, et du nazisme dans cette culture. J'ai été frappé, en suivant son parcours à partir de dates chronologiques exactes, de voir comment il est parti d'un travail sur la mémoire pour, d'une manière assez nietzschéenne, faire passer cette mémoire au tribunal de l'histoire : il a ouvert alors à d'autres itinéraires dans lesquels les thèmes anciens continuent à jouer en basse continue mais entièrement transformés, réélaborés. Mon étonnement a été de voir que les informations que j'avais sur les arts de la mémoire à la fin du Moyen Âge et à la Renaissance me fournissaient un instrument d'interprétation d'une précision extraordinaire pour comprendre les œuvres de Kiefer. Anselm Kiefer, qui est un homme très cultivé, ignorait le livre de Frances Yates, *L'Art de la mémoire*. Je le lui ai offert, il l'a trouvé passionnant et a été d'accord pour dire que ma description était juste, que son travail consistait effectivement à créer des bâtiments de mémoire dans lesquels il mettait des images inattendues. J'ai alors compris qu'une approche classique peut être fructueuse pour comprendre un travail contemporain. Ce n'est pas le cas pour tous les artistes. Sur d'autres artistes allemands comme Beuys ou Richter, ce travail n'aurait pas eu de sens. Il se trouve que cette approche a été très efficace sur Kiefer.

Cela me mène à une réflexion qui boucle la boucle : la contemporanéité — comme le xvᵉ et le xvⁱᵉ siècle — est travaillée par plusieurs temporalités. Elle est elle-même anachronique, de même qu'une œuvre du xvᵉ siècle qui mélange les temps du présent et du passé. Or, les œuvres de l'art contemporain dont je me sens proche sont celles où les temps s'enchevêtrent, montrant par là qu'il n'y a pas de temps nᵒ 1. Et la contemporanéité qui me passionne est travaillée par cet anachronisme, constitutif je crois de toute œuvre d'art. Dans ce contexte, le rôle de celui qui écrit sur ces œuvres, quelles que soient les époques, est celui d'un passeur. Un passeur sans prétention, une deuxième main qui passe après l'artiste. Tenter d'être un passeur entre le travail de l'artiste (qui peut n'avoir rien à dire ou bien des choses pas forcément intéressantes sur son travail) et les contemporains. Car la contemporanéité n'est pas la simultanéité, qui définit deux choses se passant en même temps. Pour qu'il y ait contemporanéité, il faut qu'il y ait interaction entre ces deux choses. Je veux dire que dans l'art contemporain, tout n'est pas contemporain, et pour qu'il y ait contemporanéité, il faut qu'il y ait partage des temps entre l'œuvre et ceux qui la regardent. L'œuvre du xvᵉ siècle est donc ma contemporaine puisque aujourd'hui je la regarde. Et certaines œuvres d'aujourd'hui sont mes contemporaines parce que je les regarde. Celles que je ne regarde pas ne sont pas mes contemporaines.

INDEX*

* Établi par Henry Armitage.

DANS LA COLLECTION FOLIO / ESSAIS

Composition Interligne
Impression Maury Imprimeur
45330 Malesherbes
le 2 décembre 2020
Dépôt légal : décembre 2020
1ᵉʳ dépôt légal dans la collection : janvier 2006
Numéro d'imprimeur : 250104

ISBN 978-2-07-032081-3 / Imprimé en France.

376223